X

ABRÉGÉ

DE LA

GRAMMAIRE FRANÇAISE.

COURS COMPLET
D'ENSEIGNEMENT ÉLÉMENTAIRE,

ADOPTÉ POUR L'ÉDUCATION DE S. A. R. Mgr LE DUC DE BORDEAUX ET PAR LE CONSEIL ROYAL DE L'UNIVERSITÉ,

PAR M. E. LEFRANC.

GRAMMAIRE FRANÇAISE; un vol. in-12, cartonné. 2 fr. 25 c.

ABRÉGÉ DE LA GRAMMAIRE FRANÇAISE; un petit vol. in-12, cartonné. 1 fr. 10 c.

GRAMMAIRE LATINE; un gros vol. in-12, cartonné. 2 fr. 75 c.

ABRÉGÉ DE LA GRAMMAIRE LATINE; un petit vol. in 12, cartonné. 1 fr. 50 c.

ABRÉGÉ DE L'HISTOIRE SAINTE jusqu'à Jésus-Christ, ou *Cours de Thèmes*, appliqués successivement aux règles de la *Grammaire latine*; un vol. in-12, cartonné. 2 fr.

COMPENDIUM HISTORIÆ SACRÆ, ou CORRIGÉ DU COURS DE THEMES SUR L'HISTOIRE SAINTE; un vol. in-12, cartonné. 2 fr. 50 c.

ABRÉGÉ DE L'HISTOIRE DE FRANCE, jusqu'au sacre de S. M. Charles X, ou *Cours de*

Thèmes appliqués successivement aux règles de la *Grammaire latine*; un gros vol. in-12, cartonné. 2 fr. 50 c.

CHOIX DE SENTENCES et d'histoires, tirées des *auteurs latins* et appliquées aux règles de la *Grammaire latine*; un vol. in-12, cartonné. 2 fr.

EXERCICES sur les règles de la *Grammaire française*, ou choix de Sentences et d'Histoires appliquées successivement aux règles de cette *Grammaire*; un vol. in-12, cartonné. 1 fr. 50 c.

LEÇONS D'ANALYSE logique et d'Analyse grammaticale, d'après les règles de la *Grammaire française*; un vol. in-12, cartonné. 1 fr. 50 c.

PROGRAMME DE QUESTIONS sur la *Grammaire française*, un vol. in-12, cartonné. 70 c.

SOUS PRESSE :

COURS DE MYTHOLOGIE sous la forme de thèmes, dans lequel l'auteur s'attache à tracer un récit suivi pour faire connaître l'histoire et la généalogie des personnages mythologiques.

COURS DE GÉOGRAPHIE sous la forme de thèmes. A chaque pays l'auteur a rattaché un sou-venir historique propre à le fixer dans la mémoire des élèves; un vol. in-12.

COURS D'HISTOIRE NATURELLE sous la forme de thèmes et rédigé de manière à servir de complément au Cours de Géographie : un vol. in-12.

HEURES DES COLLÉGES, contenant l'office des dimanches, des fêtes et de la *semaine sainte*, selon l'usage de Paris, avec les additions et changemens faits dans la liturgie par Mgr. le cardinal de Talleyrand-Périgord, précédé de l'Abrégé de la foi par M. de La Hogue, des prières du matin et du soir, d'exercices pour la confession et la communion, de prières pour tous les jours de la semaine, etc.; rédigé par P. A. FAUDET, licencié de la faculté de théologie; un vol. in-18 de 600 pages. Prix, relié en basane. 2 fr. 75 c.

LES MORALISTES LATINS, ou Choix de Morceaux extraits des Œuvres philosophiques de Cicéron, Sénèque, etc., etc., par M. Guérin, professeur au collége de Sainte-Barbe; un très gros vol. in-12. 5 fr.

DE L'IMPRIMERIE DE LACHEVARDIÈRE,
RUE DU COLOMBIER, N° 30, A PARIS

ABRÉGÉ

DE LA

GRAMMAIRE FRANÇAISE

MISE AU NOMBRE DES LIVRES CLASSIQUES

PAR LE CONSEIL ROYAL DE L'INSTRUCTION PUBLIQUE

ET ADOPTÉE POUR L'ÉDUCATION

De S. A. R. Monseigneur le Duc de Bordeaux.

PAR E. LEFRANC,

PROFESSEUR AGRÉGÉ DE L'UNIVERSITÉ,

AUTEUR DU COURS COMPLET D'ENSEIGNEMENT ÉLÉMENTAIRE,
A L'USAGE DE SON ALTESSE ROYALE MONSEIGNEUR LE DUC
DE BORDEAUX.

CINQUIÈME ÉDITION.

Paris.

CHARLES GOSSELIN, LIBRAIRE

DE SON ALTESSE ROYALE MONSEIGNEUR LE DUC DE BORDEAUX,
RUE SAINT-GERMAIN-DES-PRÉS, N° 9.

M DCCC XXIX.

AVERTISSEMENT

DE LA PREMIÈRE ÉDITION.

Le suffrage du public a pleinement confirmé la double sanction qu'a reçue la *Grammaire Française* de M. Lefranc, auprès du conseil royal de l'Université et dans l'éducation de Monseigneur le Duc de Bordeaux ; et il a été reconnu que cet ouvrage, autant par le plan que par l'exécution, était éminemment propre à simplifier l'enseignement élémentaire de nos écoles.

A cette approbation, si flatteuse pour l'auteur, s'est joint le désir manifesté par un grand nombre de ses collègues, qu'il donnât un abrégé de sa Grammaire, propre à en populariser et la marche et les principes, et qui pût convenir à tous les âges comme à toutes les intelligences.

L'auteur s'est empressé de répondre à un appel si honorable, et l'Abrégé de sa Grammaire française paraît aujourd'hui pour être immédiatement suivi de l'Abrégé de sa Grammaire latine.

On a parlé souvent de deux écueils que présente ce genre d'ouvrages, le trop ou le trop peu, et si la plupart des auteurs y ont échoué, il est juste aussi de dire que quelques-uns d'entre eux les ont évités avec assez de bonheur. Il en est un troisième auquel semblent n'avoir pas

"

pensé ceux même qui ont échappé aux premiers. Ainsi pour simplifier davantage, ils ont réuni ce qui devait être séparé ; ils ont placé dans la nomenclature ce qui est du ressort de la syntaxe, et dans la syntaxe ce qui n'appartient qu'à la nomenclature. Ont-ils, par exemple, donné la théorie grammaticale du verbe; ils la font suivre de sa théorie syntaxique pour la reproduire plus ou moins dans le cours de l'ouvrage. Cette manière de procéder est extrêmement vicieuse, s'il est vrai, comme l'a dit Descartes, que la méthode est surtout indispensable dans les connaissances élémentaires.

M. Lefranc s'est donc attaché à triompher à la fois de tous ces obstacles. L'Abrégé qu'il publie, malgré son peu d'étendue, renferme cependant plus de notions que tous ceux qui l'ont précédé, et il le doit à la manière dont les matériaux sont distribués. Il a voulu que cet Abrégé fût une image fidèle de sa Grammaire; le plan est le même dans les deux ouvrages ; ce sont les mêmes principes, les mêmes expressions ; seulement les formes y sont adoucies, les règles y sont moins longues ou moins nombreuses, les développemens ont été restreints dans de justes bornes. La conscience des soins qu'il y a donnés lui fait espérer pour l'un le succès que l'autre a déjà obtenu.

ABRÉGÉ

DE LA

GRAMMAIRE

FRANÇAISE.

La Grammaire est l'art de parler et d'écrire correctement.

Avant de traiter de la grammaire française, nous devons faire quelques observations sur les lettres, sur les syllabes et les diphthongues, sur les accents et quelques autres signes relatifs à la manière dont les mots s'écrivent.

I. DES LETTRES.

L'alphabet français se compose de vingt-cinq lettres.

Il y a deux sortes de lettres, les *voyelles* et les *consonnes*.

Les *voyelles* se nomment ainsi, parce qu'elles forment, par elles seules, un son, une *voix*. Il y en a six : *a, e, i, o, u, y*.

Remarques. 1° L'*y* a le son de l'*i* simple au commencement et à la fin des mots. Ex. : *yeuse, dey*. — Dans le corps des mots, l'*y* s'emploie pour l'*i* simple, s'il est précédé d'une consonne. Ex. : *syllabe*; pour deux *i*, s'il est précédé d'une voyelle. Ex. : *pays*, que l'on prononce *païs*.

2° *Eu, ou, an, in, on, un*, quoique composés de plus d'une lettre, sont aussi des voyelles, parce qu'ils forment un son simple et qui leur est particulier.

Les *consonnes* se nomment ainsi, parce qu'elles ne forment un son qu'avec le secours des voyelles. Il y

1.

en a dix-neuf : *b, c, d, f, g, h, j, k, l, m, n, p, q, r, s, t, v, x, z.*

Remarque. La consonne *h* est muette ou aspirée ; — muette, lorsqu'elle ne se fait point sentir dans la prononciation, Ex. : *l'homme,* que l'on prononce *l'omme* ; — aspirée, lorsqu'elle fait prononcer avec aspiration et du gosier la voyelle qui la suit, Ex. : *le héros.*

II. DES SYLLABES ET DES DIPHTHONGUES.

On appelle *syllabe* une ou plusieurs lettres qui se prononcent en un seul temps, par une seule émission de voix : ainsi *jeu* n'a qu'une syllabe, *a-mi* en a deux, *châ-ti-ment* en a trois.

Remarque. Un mot, s'il n'a qu'une syllabe, se nomme *monosyllabe.*

La *diphthongue* est la réunion de deux voyelles, qui se prononcent par une seule émission de voix et produisent un son double dans une syllabe unique, comme *ia, oi,* etc. Ex : *diamant, roi,* etc.

III. DES ACCENTS.

Les *accents* servent en général à indiquer la valeur des voyelles ou la durée de leur prononciation.

Il y a trois accents, l'aigu (´), le grave (`) et le circonflexe (^).

La voyelle *e* se prononce de différentes manières, selon qu'elle est marquée ou non de l'un ou de l'autre de ces accents.

L'*e muet* n'est noté d'aucun accent ; il n'a qu'un son peu sensible et quelquefois nul. Ex. : *gloire, paiement.*

L'*e fermé* porte ordinairement l'accent aigu ; il se prononce en *fermant* presque la bouche. Ex. : *bonté.*

Remarque. On ne met point l'accent aigu, quand l'*e* est suivi d'une consonne avec laquelle il forme une syllabe. Ex. : *rocher, berger, aimer,* que l'on prononce *roché, ber-gé, aimé.*

L'*e ouvert* porte ordinairement l'accent grave ou l'accent circonflexe ; il se prononce la bouche très *ouverte.* Ex. : *lumière, prêtre.*

Remarque. On ne met point ordinairement l'accent grave, lorsque l'*e* est suivi d'une consonne avec laquelle il forme une syllabe. Ex. : *ciel, mer, secret,* que l'on prononce *cièl, mèr, secrèt.*

Les accents servent quelquefois à indiquer si une voyelle est *brève* ou *longue;* une voyelle est brève, quand elle se prononce avec rapidité ; elle est longue, quand il faut plus de temps pour la prononcer.

L'accent circonflexe, lorsqu'il se trouve sur une voyelle, indique toujours qu'elle est longue : ainsi,

A qui est bref dans *pate,*   est long dans *pâte.*
E qui est bref dans *brèche,*   est long dans *bêche.*
I qui est bref dans *mérite,* est long dans *gîte.*
O qui est bref dans *mode,*   est long dans *aumône.*
U qui est bref dans *butte,*   est long dans *flûte.*
EU qui est bref dans *jeune,* est long dans *jeûne.*
OU qui est bref dans *doute,* est long dans *croûte.*

IV. DE L'APOSTROPHE, DU TRÉMA, DU TRAIT D'UNION ET DE LA CÉDILLE.

L'*apostrophe* est un petit signe (') qui marque la suppression d'une des voyelles *a, e* (muet), *i.* Ex. : *l'amitié,* pour *la amitié;*—*l'intérêt,* pour *le intérêt;* —*s'il vient,* pour *si il vient.*

Le *tréma* est un double point (¨) que l'on place sur les voyelles *i, u, e* (muet), quand elles doivent être prononcées séparément de la voyelle qui les précède. Ex. : *haïr, Saül, ciguë.* — Ce dernier mot, sans le tréma, se prononcerait comme *figue.*

Le *trait d'union* est un petit signe (-) qui sert à marquer la liaison de deux mots. Ex. : *moi-même, toi-même, lui-même, soi-même.*

La *cédille* est un petit signe (ς) qui se met sous le *c* devant les voyelles *a, o, u,* quand on veut lui donner le son de l'*s.* Ex. : *façade, leçon, reçu.*

PREMIÈRE PARTIE.

La première partie de la Grammaire traite des mots considérés isolément.

Il y a dans la langue française dix sortes de mots qu'on appelle les dix parties du discours, savoir : le Nom substantif, l'Article, l'Adjectif, le Pronom, le Verbe, le Participe, la Préposition, l'Adverbe, la Conjonction et l'Interjection.

CHAPITRE PREMIER.

§ 1. *Du Nom substantif.*

Le *nom substantif* est le mot qui sert à désigner les personnes ou les choses. Ex. : *Charles, Caroline, Paris, la Seine, homme, femme, cheval, rose,* etc.

Il y a deux sortes de substantifs, le substantif *propre* ou *nom propre*, qui ne convient qu'à une seule personne ou à une seule chose, tel que *Charles, Caroline, Paris, la Seine,* etc.; et le substantif *commun* ou *nom commun*, qui convient à tous les individus ou à tous les objets de la même espèce, tel que *homme, femme, cheval, rose,* etc.

REMARQUE. On range dans la classe des noms communs les *noms collectifs* et les *noms partitifs.*

Le nom collectif est celui qui désigne plusieurs personnes ou plusieurs choses comme faisant un tout, tel que *peuple, armée,* etc.

Le nom partitif est celui qui désigne plusieurs personnes ou plusieurs choses comme faisant partie d'un tout, tel que *une multitude de, une foule de, la plupart de,* etc.

Les noms substantifs ont deux propriétés, le nombre et le genre : le nombre a rapport à la quantité, et le genre, au sexe.

§ 2. *Des Nombres considérés dans les noms substantifs.*

Les noms substantifs ont deux nombres, le *singulier* et le *pluriel.*

Le singulier exprime l'unité. Ex. : *un roi, un sujet;* le pluriel exprime la pluralité. Ex. : *des rois, des sujets.*

§ 3. *Formation du pluriel dans les noms substantifs.*

RÈGLE I. Les noms substantifs terminés au singulier par *s*, *x*, *z*, n'ajoutent rien au pluriel. Ex. : *un lis, des lis,*—*une voix, des voix,*—*un nez, des nez.*

RÈGLE II. Le pluriel des noms substantifs terminés en *au*, *eu*, se forme en ajoutant *x* au singulier. Ex. : *un tableau, des tableaux,*— *un jeu, des jeux.*

RÈGLE III. Le pluriel des noms substantifs terminés en *al*, se forme en changeant *al* en *aux*. Ex. : *un cheval, des chevaux.*

EXCEPTION. Les mots *bal, carnaval* et *régal* prennent une *s* au pluriel, et font *bals, carnavals*, etc.

RÈGLE IV. Les trois mots *ciel*, *œil*, *aïeul*, forment leur pluriel de deux manières : ainsi,

Ciel fait *cieux*, lorsqu'il est pris dans le sens ordinaire, et *ciels* dans *ciels de lit*, *ciels de tableau*, *ciels de carrière*, etc.

OEil fait *yeux*, lorsqu'il désigne l'organe de la vue, et *œils* dans tous les autres cas : *œils de bœuf*, *œils de la soupe*, *œils du fromage.*

Aïeul fait *aïeux*, lorsqu'il est pris dans le sens d'ancêtres, et *aïeuls* lorsqu'on parle à la fois du grand-père paternel et du grand-père maternel.

RÈGLE V. Le pluriel de tous les autres noms substantifs se forme en ajoutant *s* au singulier. Ex. : *un livre, des livres.*

EXCEPTIONS. 1° Sept noms en *ou* prennent un *x* au lieu d'une *s*; ce sont : *bijou, caillou, chou, genou, glonglou, hibou, joujou*, qui font *bijoux, cailloux*, etc.

2° Cinq noms en *ail* changent *ail* en *aux* au pluriel : ce sont : *bail, corail, émail, soupirail, travail*, qui font *baux, coraux*, etc.

§ 4. *Des Noms substantifs qui ne prennent pas la marque du pluriel.*

RÈGLE I. Les noms propres ne prennent pas la marque du pluriel. Ex. : *les deux* Corneille *n'avaient pas le même génie.*

EXCEPTION. Les noms propres prennent la marque du pluriel, quand ils sont employés comme noms communs. Ex. :

La France eut ses Césars, ses Catons, ses Pompées ; c'est-à-dire, des hommes tels que *César, Caton, Pompée.*

Les noms propres prennent encore la marque du pluriel, lorsqu'ils sont appliqués à une collection d'individus de la même famille, comme, *les Bourbons, les Césars*, etc.

La Seine a *des Bourbons,* le Tibre a *des Césars.* (BOIL.)

RÈGLE II. Certains noms substantifs, empruntés des langues étrangères, et que l'usage n'a pas encore francisés, ne prennent pas la marque du pluriel. Ex. : *un pater, des pater,* — *un accessit, des accessit,* etc.

§ 5. *Des Genres considérés dans les noms substantifs.*

La langue française admet deux genres, le genre *masculin* et le genre *féminin.*

Les noms qui conviennent à l'homme seul, au mâle, sont du genre masculin, tels que *roi, lion,* etc.

Les noms qui conviennent à la femme seule, à la femelle, sont du genre féminin, tels que *reine, lionne,* etc.

REMARQUE. 1° Plusieurs noms masculins, tels que *corbeau, rossignol, éléphant, chameau, rat,* etc., servent à désigner la femelle aussi bien que le mâle.

2° Plusieurs noms féminins, tels que *baleine, alouette, souris,* etc., servent à désigner le mâle aussi bien que la femelle.

3° Par analogie ou par caprice, on a donné le genre masculin ou le genre féminin à des noms d'objets qui ne sont ni mâles ni femelles. Ex. : *le soleil, la lune,* — *un éclair, une épée.*

§ 6. *Formation du féminin dans les noms substantifs.*

RÈGLE I. Les noms substantifs terminés en *eau,* changent *eau* en *elle,* pour former le féminin. Ex. : *un pastoureau, une pastourelle.*

RÈGLE II. Les noms substantifs terminés en *ien, on,*

et, redoublent la consonne finale, à laquelle on ajoute l'*e* muet, pour former le féminin. Ex. : *un chien, une chienne*, — *un lion, une lionne*, — *un minet, une minette.*

EXCEPTIONS. *Compagnon, larron,* font *compagne, larronnesse.*

REMARQUE. *Paysan* fait *paysanne;* — *chat* fait *chatte.*

RÈGLE. II. Les noms substantifs terminés en *eur*, forment le féminin par le changement d'*eur* en *euse*, en *rice* ou en *eresse*. Ex. : *chanteur, chanteuse,* — *ambassadeur, ambassadrice,*—*pécheur, pécheresse.*

EXCEPTIONS. *Gouverneur* fait *gouvernante;* — *serviteur* fait *servante.*

RÈGLE IV. Les noms substantifs qui finissent par un *e* muet, ont le féminin semblable au masculin. Ex. : *un élève, une élève.*

EXCEPTION. Plusieurs noms substantifs terminés par un *e* muet changent l'*e* muet en *esse* pour former le féminin, tels que *prince, prêtre, prophète, hôte, tigre, âne, maître, ivrogne.* etc., qui font *princesse, prêtresse,* etc.

RÈGLE V. Les noms substantifs qui ne se terminent pas par un *e* muet, ajoutent un *e* muet au masculin pour former le féminin. Ex. : *un marchand, une marchande.*

CHAPITRE II.

§ 7. *De l'Article.*

L'article est le mot qui précède le plus ordinairement les substantifs communs.

Il n'y a qu'un article en français, *le* pour le singulier masculin, *la* pour le singulier féminin, et *les* pour le pluriel des deux genres. Ex. : *le jour, la nuit,*— *les jours, les nuits.*

REMARQUES. 1° Lorsque le mot qui suit *le, la,* commence par une voyelle ou par une *h* muette, on supprime les voyelles *e, a,* que l'on remplace par l'apostrophe ; ainsi, au lieu d'écrire *le arbre*, *la amitié*, *le homme*, *la histoire*, on écrit *l'arbre*, *l'amitié*, *l'homme*, *l'histoire*.

2° Lorsque l'article *le*, *les*, précédé des mots *de*, *à*, est suivi d'un mot qui commence par une consonne ou par une *h* aspirée, *de le* se change en *du*, *à le* en *au*; — *de les* se change en *des*, *à les* en *aux*; ainsi, au lieu de dire, *justice de le roi*, *respect à le héros*, *force de les lois*, *soumission à les magistrats*, on dit, *justice du roi*, *respect au héros*, *force des lois*, *soumission aux magistrats*.

CHAPITRE III.

§ 8. *De l'Adjectif.*

L'*adjectif* est le mot qui ajoute au nom substantif l'idée d'une qualité, d'une manière d'être. **Ex. :** *fruit* délicieux, *homme* sage.

On distingue sept sortes d'adjectifs, *les adjectifs qualificatifs*, *les adjectifs numéraux*, *les adjectifs possessifs*, *les adjectifs indicatifs*, *les adjectifs conjonctifs*, *les adjectifs interrogatifs et les adjectifs indéfinis.*

Les adjectifs ont les deux genres et les deux nombres. (*V*. § 1er.)

§ 9. *Des genres considérés dans les adjectifs.*

RÈGLE I. les adjectifs terminés au masculin en *eau* forment le féminin en changeant *eau* en *elle*. Ex. : —*beau*, *belle*,— *jumeau*, *jumelle*,— *nouveau*, *nouvelle*.

RÈGLE II. Les adjectifs terminés au masculin en *el*, *eil*, *en*, *et*, *on*, *s*, doublent la consonne finale, à laquelle on ajoute l'*e* muet, pour former le féminin. Ex. : *éternel*, *'éternelle*, — *pareil*, *pareille*, — *ancien*, *ancienne*, — *muet*, *muette*,— *bon*, *bonne*,— *gros*, *grosse*.

EXCEPTIONS. 1° Les huit adjectifs suivans, *complet*, *concret*, *discret*, *indiscret*, *incomplet*, *inquiet*, *replet*, *secret*, font au féminin, *complète*, ... *secrète*, etc., avec un accent grave sur l'avant-dernière syllabe.

2° Les adjectifs *gris, niais, ras* font au féminin *grise, niaise, rase;* — *tiers* fait *tierce;* — *frais* fait *fraîche.*

RÈGLE III. Les adjectifs terminés au masculin par *f*, forment le féminin en changeant *f* en *v*, et en y ajoutant l'*e* muet. Ex. : *neuf, neuve.*

RÈGLE IV. Les adjectifs terminés au masculin par *x*, forment le féminin en changeant *x* en *s*, et en y ajoutant l'*e* muet. Ex. : *généreux, généreuse.*

EXCEPTIONS. *Roux, faux,* font *rousse, fausse;* — *vieux* fait *vieille;* — *doux* fait *douce.*

RÈGLE V. Les adjectifs terminés au masculin en *eur*, forment le féminin en changeant *eur* en *euse*, en *rice* ou en *eresse*. Ex. : *trompeur, trompeuse,* — *créateur, créatrice,* — *enchanteur, enchanteresse.*

EXCEPTION. Les adjectifs en *érieur*, tels que *supérieur, inférieur,* etc., ainsi que *majeur, mineur, meilleur,* font au féminin *supérieure,* etc. , *majeure,* etc.

RÈGLE. VI. Les adjectifs terminés en *c* dur au masculin, changent *c* en *que* pour former le féminin. Ex. *public, publique.*

. EXCEPTION. Les adjectifs *sec, blanc, franc,* changent *c* en *che : sèche, blanche, franche.*

RÈGLE VII. Tous les adjectifs terminés au masculin par un *e* muet, ne changent pas de terminaison au féminin. Ex. : *travail utile, lecture utile.*

RÈGLE VIII. Les autres adjectifs qui ne sont pas terminés au masculin par un *e* muet, ajoutent un *e* muet au masculin pour former le féminin. Ex. : *civil, civile,* — *grand, grande,* — *ingrat, ingrate.*

EXCEPTIONS. 1° *Sot, nul, gentil,* suivent la règle 2°, et font *sotte, nulle, gentille.* — *Mou* et *fou* (autrefois *mol* et *fol*) font *molle* et *folle.*

•2° *Bénin, malin,* font *bénigne, maligne;* — *long* fait *longue;* — *coi, coite;* — *favori, favorite;* — *muscat muscade.*

§ 10. *Formation du pluriel dans les adjectifs.*

RÈGLE I. Les adjectifs terminés au singulier par *s* ou par *x*, ne changent pas au pluriel masculin. Ex. *mur épais, murs épais,* — *peuple heureux, peuples heureux.*

RÈGLE II. Les adjectifs terminés au singulier en *au*, y ajoutent un *x* pour former le pluriel masculin. Ex.: *nouveau, nouveaux.*

RÈGLE III. Les adjectifs terminés au singulier en *al*, forment le pluriel masculin, en changeant *al* en *aux*. Ex. : *égal, égaux.*

EXCEPTION. Les adjectifs *final, fatal, nasal, théâtral*, font *finals, fatals*, etc.

RÈGLE IV. Le pluriel de tous les autres adjectifs, tant masculins que féminins, se forme en ajoutant *s* au singulier. Ex. : *grand, grands, — grande, grandes.*

REMARQUE. Il en est de même du pluriel féminin des adjectifs compris dans les règles précédentes. Ex. : *Épaisse, épaisses; — nouvelle, nouvelles; — égale, égales.*

§ II. *Des Adjectifs qualificatifs.*

Les adjectifs *qualificatifs* sont proprement ceux qui déterminent la *qualité* ou la manière d'être du nom substantif.

Les adjectifs qualificatifs sont susceptibles de trois degrés de signification, le *positif*, le *comparatif*, et le *superlatif.*

1. Le *positif* exprime simplement la qualité. Ex. : *habile* ouvrier.

2. Le *comparatif* exprime la qualité avec comparaison.

Il y a trois sortes de comparatifs, le comparatif de *supériorité*, le comparatif d'*égalité*, et le comparatif d'*infériorité.*

Le comparatif de supériorité s'exprime en mettant *plus* devant l'adjectif. Ex. : *La sagesse est* plus précieuse *que l'or.*

Le comparatif d'égalité s'exprime par *aussi* que l'on met devant l'adjectif. Ex. : *César était* aussi éloquent *que courageux.*

Le comparatif d'infériorité s'exprime en mettant *moins* devant l'adjectif. Ex. : *L'Europe est* moins grande *que l'Asie.*

REMARQUE. Nous n'avons que trois adjectifs qui, par

eux seuls, expriment une comparaison ; *meilleur* au lieu de *plus bon,* qui ne se dit pas ; — *pire* au lieu de *plus mauvais ;* — *moindre* au lieu de *plus petit* ou de *moins grand.*

III. Le *superlatif* exprime la qualité portée au suprème degré, soit en plus, soit en moins.

Il y a deux sortes de superlatifs, le superlatif *absolu* et le superlatif *relatif.*

Le superlatif absolu exprime la qualité portée au suprême degré, sans aucune idée de comparaison ; il se forme en mettant *fort, très, bien, extrémement, infiniment, le plus, le mieux, le moins,* devant l'adjectif. Ex. : *Lyon est une ville* très grande *et* fort peuplée.

Le superlatif relatif exprime la qualité portée au plus haut degré, avec une idée de comparaison ; il se forme en mettant *le, la, les,* avant *plus, mieux, moins, meilleur, pire, moindre.* Ex. : *Paris est la ville* la plus grande *et* la mieux peuplée *de France.*

§ 12. *Des Adjectifs numéraux.*

Les adjectifs *numéraux* expriment la quantité ou l'ordre.

Il y a deux sortes d'adjectifs numéraux, les *cardinaux* et les *ordinaux.*

I. Les *adjectifs numéraux cardinaux* expriment la quantité, le nombre ; ce sont : *un, deux, trois, quatre, cinq...., dix...., vingt...., cent...., mille....*

REMARQUES. 1° *Vingt* et *cent,* employés au pluriel, en prennent la marque, lorsqu'ils ne sont suivis d'aucun nombre. Ex. : Quatre vingts *hommes,* trois cents *volumes.* Mais on dira : Quatre-vingt-douze *hommes,* trois cent douze *volumes.*

2° *Mille* s'écrit de deux manières, — *mille,* pour exprimer le nombre dix fois cent. Ex. : *Bibliothèque de* mille *volumes ;* — *mil,* pour dater les années de l'ère chrétienne. Ex. : *L'an* mil *huit cent vingt-huit.*

II. Les *adjectifs numéraux ordinaux* expriment l'ordre, le rang ; ce sont : *premier, second* ou *deuxième, troisième, quatrième, cinquième...., dixième...., vingtième...., centième...., millième....*

REMARQUE. Quand il s'agit de date, au lieu d'employer régulièrement les adjectifs numéraux ordinaux, on se sert, par abréviation, des adjectifs numéraux cardinaux. Ainsi *l'an* mil huit cent vingt-huit, tient lieu de *l'an* millième huit centième vingt-huitième. — On dit de même *Henri-quatre, Charles-dix*, pour *Henri* quatrième (du nom), *Charles* dixième (du nom).

§ 13. *Des Adjectifs possessifs.*

Les adjectifs *possessifs* marquent la possession.

Il y a deux espèces d'adjectifs possessifs.

Les adjectifs possessifs de la première espèce sont :

Mon, ma, mes, notre, nos; — ton, ta, tes, votre, vos; — son, sa, ses, leur, leurs.

Les adjectifs possessifs de la seconde espèce sont :

Le mien, la mienne, les miens, les miennes; le nôtre, la nôtre, les nôtres; — le tien, la tienne, les tiens, les tiennes; le vôtre, la vôtre, les vôtres; — le sien, la sienne, les siens, les siennes; le leur, la leur, les leurs.

REMARQUE. *Mon, ton, son* s'emploient, au lieu du féminin *ma, ta, sa*, lorsque le mot qui suit commence par une voyelle ou par une *h* muette. Ex. : *mon ame*, pour *ma ame*; — *ton humeur*, pour *ta humeur*; — *son assiduité*, pour *sa assiduité.*

§ 14. *Des Adjectifs indicatifs.*

Les adjectifs *indicatifs* montrent la personne ou la chose dont on parle.

Il y a deux espèces d'adjectifs indicatifs.

Les adjectifs indicatifs de la première espèce sont :

Ce ou *cet, cette, ces; —* il faut y joindre *le même, la même, les mêmes.*

Les adjectifs indicatifs de la seconde espèce sont :

Celui, celle, ceux, celles; — celui-ci, celle-ci, ceux-ci, celles-ci : — celui-là, celle-là, ceux-là, celles-là; — ce, ceci, cela.

REMARQUE. *Ce*, adjectif indicatif de la 1re espèce, se met devant une consonne ou une *h* aspirée; *cet*, devant une voyelle ou une *h* muette. Ex. : *ce village, ce hameau; — cet enfant, cet homme.*

§ 15. *Des Adjectifs conjonctifs.*

Les adjectifs *conjonctifs* servent à rappeler l'idée d'un mot qui précède, et qui, pour cette raison, se nomme *antécédent.* Ex. : Dieu, qui *est juste, récom-*

pense les bons et punit les méchans ; c'est-à-dire *Dieu,
lequel Dieu est juste,* etc.

Les adjectifs conjonctifs sont :

Qui, lequel, laquelle, lesquels, lesquelles ; — *dont, duquel,
de laquelle, desquels, desquelles ;* — *à qui, auquel, à laquelle,
auxquels, auxquelles :* — *que ;* — *quoi, de quoi, à quoi.*

Remarque. *Qui, dont, à qui, que,* sont des deux genres et
des deux nombres. — *Quoi* est toujours du singulier.

§ 16. *Des Adjectifs interrogatifs.*

Les adjectifs *interrogatifs* indiquent, par leur nom,
qu'ils servent à interroger.

Il y a deux espèces d'adjectifs interrogatifs.

Les adjectifs interrogatifs de la première espèce
sont :

Quel ? quelle ? quels ? quelles ?

Les adjectifs interrogatifs de la seconde espèce sont :
Qui ? que ? quoi ? lequel ? laquelle ? lesquels ? lesquelles ?

§ 17. *Des Adjectifs indéfinis.*

Les adjectifs *indéfinis* expriment une idée d'indé-
termination, de généralité.

Il y a deux espèces d'adjectifs indéfinis.

Les adjectifs indéfinis de la première espèce sont :

Aucun, aucune ; nul, nulle ; — *autre, l'autre ;* — *ni l'un,
ni l'autre : ni l'une, ni l'autre :* — *l'un ou l'autre ;* — *quelque,
quelconque ; chaque ; certain, certaine : tel ; tel quel, tout,
toute ;* — *plusieurs.*

Les adjectifs indéfinis de la seconde espèce sont :

L'un, l'autre : l'une, l'autre : quelqu'un ; — *quiconque, chacun ;* — *un certain ;* — *on, personne, autrui.*

Remarque. L'*e* de *quelque* ne se remplace par l'apostrophe
que devant *un, une, autre,* quelqu'un, quelqu'autre.

CHAPITRE IV.

§ 18. *Des Pronoms.*

Les *pronoms* sont des mots qui tiennent la place
d'un nom, et qui désignent le rôle que chaque *per-*

sonne joue dans le discours; c'est de là qu'on les nomme *pronoms personnels.*

Il y a trois personnes : — la première est celle qui parle. Ex. : J*e parle ;*— la seconde est celle à qui l'on parle. Ex. : T*u entends ;* — la troisième est celle de qui l'on parle. Ex. : *votre ami écoute,* il *répondra.*

I. Les pronoms de la première personne sont : *moi, je, me,* pour le singulier ; — *nous* pour le pluriel.

II. Les pronoms de la seconde personne sont : *toi, tu, te* pour le singulier ; — *vous,* pour le pluriel.

III. Les pronoms de la troisième personne sont : *lui, il, elle, en, y, le, la* pour le singulier ; — *eux, ils, elles, en, leur, y, les* pour le pluriel.

La troisième personne a encore un pronom réfléchi qui est *soi, se.*

Remarques. 1° Il ne faut pas confondre *le, la, les* pronom avec *le, la, les* article. Si l'un des mots *le, la, les* accompagne un verbe, c'est un pronom ; s'il précède un nom, c'est l'article. (V. § 7.)

2° De même si *leur* accompagne un verbe, c'est un pronom ; s'il précède un nom, c'est un adjectif possessif. (V. § 13.) En outre, *leur,* pronom, ne prend jamais la marque du pluriel. Ex. : *Je* leur *remettrai* leurs *livres.* — Le premier *leur* est pronom ; le second est adjectif possessif.

CHAPITRE V.

DU VERBE.

§ 19. *Du Verbe.*

Le *verbe* est le mot qui exprime l'état ou l'action des personnes ou des choses.

Dans cette phrase, *le soleil est brillant,* on trouve un substantif, qui est *soleil ;* un adjectif de qualité, qui est *brillant,* et un mot *est* par lequel on affirme que la qualité de *brillant* convient au *soleil.*

Le mot *soleil* se nomme sujet; le mot *est,* verbe; le mot *brillant,* attribut.

Dans cette autre phrase, *le soleil brille,* on affirme de même que la qualité de *brillant* appartient au soleil; ainsi *brille* équivaut à *est brillant.*

Enfin, dans cette troisième phrase, *le soleil échauffe la terre*, *échauffe* équivaut à *est échauffant*, et l'on affirme que la qualité d'*échauffant* convient au soleil.

Les verbes *est*, *brille*, marquent l'état du sujet ; le verbe *échauffe* marque l'action du sujet.

Le verbe *être*, *subsistant* par lui seul dans le discours, s'appelle *verbe substantif*.

Tous les autres verbes, tels que *briller*, *échauffer*, etc., renfermant en eux le verbe *être* et un *attribut*, se nomment *verbes attributifs*.

§ 20. *Des Modifications du verbe.*

Les verbes admettent quatre sortes de modifications, le *nombre*, la *personne*, le *temps*, et le *mode*.

I. Des nombres. — Il y a deux nombres pour les verbes comme pour les noms substantifs, les adjectifs, etc., *le singulier* et *le pluriel*. Ex. : *j'*aime, *tu* aimes, *il* ou *elle* aime ; — *nous* aimons, *vous* aimez, *ils* ou *elles* aiment.

II. Des personnes. — Il y a trois personnes représentées par les trois pronoms personnels (§ 18). Ex. : J'*aime*, tu *aimes*, il *aime* ou elle *aime* ; — nous *aimons*, vous *aimez*, ils *ou* elles *aiment*.

III. Des temps. — Les temps sont des terminaisons qui font connaître si l'état ou l'action que le verbe exprime se rapporte au *présent*, au *passé* ou à l'*avenir*.

Il y a neuf temps, dont un pour le présent, six pour le passé et deux pour l'avenir : *le présent* ;—*l'imparfait*, *le parfait défini*, *le parfait indéfini*, *le parfait antérieur défini*, *le parfait antérieur indéfini*, *le plus-que-parfait* ; — *le futur absolu* et *le futur antérieur*.

Le *présent* marque que la chose est ou se fait au moment où l'on parle. Ex. : *je lis.*

L'imparfait marque l'état ou l'action comme présente à une époque passée. Ex. : je lisais *quand notre ami est entré.*

Le parfait défini marque que la chose a eu lieu ou s'est faite à une époque entièrement écoulée. Ex. : je lus *ce livre le mois dernier.*

Le parfait indéfini marque que la chose a eu lieu ou s'est faite à une époque indéterminée ou non entièrement écoulée. Ex. : j'ai lu *ce livre*; — j'ai parcouru *cet ouvrage ce matin.*

Le parfait antérieur défini marque une chose faite ou passée avant une autre faite ou passée aussi à une époque entièrement écoulée. Ex. : je lus *ce livre dès que je l'eus acheté.*

Le parfait antérieur indéfini marque une chose faite ou passée avant une autre faite ou passée à une époque indéterminée ou non entièrement écoulée. Ex. : j'ai rendu *ce livre dès que je l'ai eu fini.*

Le plus-que-parfait marque une chose faite ou passée, non-seulement en elle-même, mais encore à l'égard d'une autre chose déjà faite ou passée. Ex. : j'avais fini *ce livre quand vous arrivâtes.*

Le futur absolu marque qu'une chose sera ou se fera. Ex. : vous viendrez *demain, et* nous terminerons *notre affaire.*

Le futur antérieur marque qu'une chose sera faite ou sera arrivée avant une autre qui doit aussi se faire ou arriver. Ex. : j'aurai lu *ce livre quand vous viendrez.*

IV. Des modes. — *Mode* veut dire *manière.* Ainsi les modes sont les différentes manières d'exprimer ce que le verbe signifie.

Il y a cinq modes : *l'indicatif, l'impératif, le subjonctif, le conditionnel* et *l'infinitif.*

L'indicatif exprime avec affirmation l'état ou l'action du sujet. Ex. : je remplis *mes devoirs.*

L'impératif exprime l'état ou l'action du sujet avec une idée de volonté, d'exhortation, de desir. Ex. : remplissez *vos devoirs.*

Le subjonctif exprime l'état ou l'action du sujet sous la dépendance d'un autre verbe. Ex. : *je désire* qu'il remplisse *ses devoirs.*

Le conditionnel exprime l'état ou l'action du sujet sous la dépendance d'une condition. Ex. : *l'homme* serait *heureux,* s'il remplissait ses devoirs.

L'infinitif exprime l'état ou l'action du sujet sans déterminer le nombre ni les personnes. Ex. : *il est beau de* remplir *ses devoirs.*

Le participe est une forme du verbe qui, de même que l'infinitif, n'est point susceptible de la différence des personnes. C'est pour cela qu'il est rangé sous le mode infinitif.

§ 21. *Classification des Verbes.*

Il y a deux sortes de verbes, le verbe substantif et le verbe attributif (§ 19). Le verbe substantif est seul de son espèce, et nous en parlerons plus loin.

Il y a sept sortes de verbes attributifs, *les verbes actifs, les verbes passifs, les verbes neutres, les verbes pronominaux, les verbes irréguliers, les verbes défectueux* et *les verbes unipersonnels.*

I. *Le verbe actif* marque une action qui est *faite* par le sujet et qui *passe* directement à un autre objet. Ex. : *le soleil* échauffe *la terre.*

Le *soleil* fait l'action d'*échauffer,* cette action passe directement à un autre objet qui est *la terre.* Le verbe *échauffer* est donc un verbe actif.

II. *Le verbe passif* marque une action *reçue* ou *soufferte* par le sujet. Ex. : *la terre* est échauffée *par le soleil.*

III. *Le verbe neutre* marque ou l'état de sujet, Ex. : *Le soleil* brille ; — ou une action qui se termine au sujet, Ex : *Le soleil* tourne ; — ou une action qui ne passe qu'indirectement à un autre objet, Ex. : *Le soleil couchant* plaît à *la vue.*

IV. Le verbe *pronominal* est celui qui se conjugue avec deux pronoms de la même personne. Ex. : Je me *flatte,* tu te *flattes,* il se *flatte.*

V. Le verbe *irrégulier* est celui qui, dans quelques-uns de ses temps ou quelques-unes de ses personnes, s'écarte des verbes actifs, des verbes neutres, etc., comme *faire, aller, mourir,* etc.

VI. Le verbe *défectueux* est celui qui manque de certains temps et de certaines personnes, comme *choir, déchoir,* etc.

VII. Le verbe *unipersonnel* est celui qui ne s'emploie qu'à la troisième personne du singulier, comme *il faut, il importe ; il pleut,* etc.

§ 22. *De la Conjugaison.*

Écrire ou réciter de suite les différens modes d'un verbe, avec tous leurs temps, leurs personnes et leurs nombres, c'est ce qu'on appelle *conjuguer.*

Les verbes, pour conjuguer certains temps, empruntent le secours des verbes *avoir* et *être*, qui, pour cette raison, se nomment *verbes auxiliaires.*

Les temps qui se conjuguent sans le secours du verbe *avoir* ou du verbe *être*, sont appelés *temps simples.*—Les temps qui se conjuguent avec l'un des temps du verbe *avoir* ou du verbe *être* joint au participe passé, sont appelés *temps composés.*

Il faut distinguer encore dans la conjugaison les temps *primitifs* et les temps *dérivés.*—Les temps primitifs sont ceux qui servent à former tous les autres.—Les temps dérivés sont ceux qui sont formés des temps primitifs.

§ 23. *Des Verbes auxiliaires.*

Avant de donner la conjugaison des deux verbes auxiliaires *avoir* et *être*, nous ferons quelques remarques pour en faciliter l'étude.

1° Les troisièmes personnes du singulier et du pluriel, à l'impératif, ne sont autre chose que les mêmes personnes du subjonctif présent. Cette remarque s'applique à toutes les espèces de verbes.

2° Le mot *que* qui se trouve au subjonctif, tient à la nature même de ce mode (§ 20, IV. *Des Modes*). Ex. : *Dieu veut* QUE NOUS SOYONS *vertueux.* — *Que nous soyons vertueux,* n'a de sens que précédé des mots *Dieu veut.* Cette remarque s'applique à toutes les espèces de verbes.

3° Le verbe auxiliaire *avoir* ne forme ses temps composés que par lui-même et par son participe passé *eu.* Ex. : *J'ai eu, j'avais eu,* etc.

4° Le verbe *être* forme ses temps composés avec le verbe *avoir*, et son participe passé *été.* Ex. : *J'ai été, j'avais été,* etc.

5° Le futur de l'infinitif et du participe se forme du verbe *devoir.* Ex. : *Devoir avoir, devant avoir.* Cette observation s'applique à toutes les espèces de verbes.

§ 24. *Conjugaison du Verbe auxiliaire* Avoir.

INDICATIF.

PRÉSENT.

S. J'ai.
Tu as.
Il *ou* elle a.
P. Nous avons.
Vous avez.
Ils *ou* elles ont.

IMPARFAIT.

J'avais.
Tu avais.
Il *ou* elle avait.
Nous avions.
Vous aviez.
Ils *ou* elles avaient.

PARFAIT DÉFINI.

J'eus.
Tu eus.
Il *ou* elle eut.
Nous eûmes.
Vous eûtes.
Ils *ou* elles eurent.

PARFAIT INDÉFINI.

J'ai eu.
Tu as eu.
Il *ou* elle a eu.
Nous avons eu.
Vous avez eu.
Ils *ou* elles ont eu.

PARFAIT ANTÉRIEUR.

J'eus eu.
Tu eus eu.
Il *ou* elle eut eu.
Nous eûmes eu.
Vous eûtes eu.
Ils *ou* elles eurent eu.

PLUS QUE-PARFAIT.

J'avais eu.
Tu avais eu.
Il *ou* elle avait eu.
Nous avions eu.
Vous aviez eu.
Ils *ou* elles avaient eu.

FUTUR ABSOLU.

J'aurai.
Tu auras.
Il *ou* elle aura.
Nous aurons.
Vous aurez.
Ils *ou* elles auront.

FUTUR ANTÉRIEUR.

J'aurai eu.
Tu auras eu.
Il *ou* elle aura eu.
Nous aurons eu.
Vous aurez eu.
Ils *ou* elles auront eu.

IMPÉRATIF.

PRÉSENT.

(*Point de 1re personne au singulier.*)

Aie.
Qu'il *ou* qu'elle ait.
Ayons.
Ayez.
Qu'ils *ou* qu'elles aient.

SUBJONCTIF.

PRÉSENT.

Que j'aie.
Que tu aies.
Qu'il *ou* qu'elle ait.
Que nous ayons.
Que vous ayez.
Qu'ils *ou* qu'elles aient.

IMPARFAIT.

Que j'eusse.
Que tu eusses.
Qu'il *ou* qu'elle eût.
Que nous eussions.
Que vous eussiez.
Qu'ils *ou* qu'elles eussent.

PARFAIT.

Que j'aie eu.
Que tu aies eu.
Qu'il *ou* qu'elle ait eu.
Que nous ayons eu.
Que vous ayez eu.
Qu'ils *ou* qu'elles aient eu.

PLUS-QUE-PARFAIT.

Que j'eusse eu.
Que tu eusses eu.
Qu'il *ou* qu'elle eût eu.
Que nous eussions eu.
Que vous eussiez eu.
Qu'ils *ou* qu'elles eussent eu.

CONDITIONNEL.

PRÉSENT.

J'aurais.
Tu aurais.
Il *ou* elle aurait.
Nous aurions.
Vous auriez.
Ils *ou* elles auraient.

PARFAIT.

J'aurais eu.
Tu aurais eu.
Il *ou* elle aurait eu.
Nous aurions eu.
Vous auriez eu.
Ils *ou* elles auraient eu.

On dit aussi :

J'eusse eu.
Tu eusses eu.
Il *ou* elle eût eu.
Nous eussions eu.
Vous eussiez eu.
Ils *ou* elles eussent eu.

INFINITIF.

PRÉSENT.

Avoir.

PARFAIT.

Avoir eu.

FUTUR.

Devoir avoir.

PARTICIPE.

PRÉSENT.

Ayant.

PASSÉ.

Eu, eue, ayant eu.

FUTUR.

Devant avoir.

§ 25. *Conjugaison du Verbe auxiliaire* Être.

INDICATIF.

PRÉSENT.

Je suis.
Tu es.
Il *ou* elle est.
Nous sommes.
Vous êtes.
Ils *ou* elles sont.

IMPARFAIT.

J'étais.
Tu étais.
Il *ou* elle était.
Nous étions.
Vous étiez.
Ils *ou* elles étaient.

PARFAIT DÉFINI.

Je fus.
Tu fus.
Il *ou* elle fut.
Nous fûmes.
Vous fûtes.
Ils *ou* elles furent.

PARFAIT INDÉFINI.

J'ai été.
Tu as été.
Il *ou* elle a été.
Nous avons été.
Vous avez été.
Ils *ou* elles ont été.

PARFAIT ANTÉRIEUR.

J'eus été.
Tu eus été.
Il *ou* elle eut été.
Nous eûmes été.
Vous eûtes été.
Ils *ou* elles eurent été.

PLUS-QUE-PARFAIT.

J'avais été.
Tu avais été.
Il *ou* elle avait été.
Nous avions été.
Vous aviez été.
Ils *ou* elles avaient été.

FUTUR ABSOLU.

Je serai.
Tu seras.
Il *ou* elle sera.
Nous serons.
Vous serez.
Ils *ou* elles seront.

FUTUR ANTÉRIEUR.

J'aurai été.
Tu auras été.
Il *ou* elle aura été.
Nous aurons été.
Vous aurez été.
Ils *ou* elles auront été.

IMPÉRATIF.

PRÉSENT.

(Point de 1re personne au singulier.)

Sois.
Qu'il *ou* qu'elle soit.
Soyons.
Soyez.
Qu'ils *ou* qu'elles soient.

SUBJONCTIF.

PRÉSENT.

Que je sois.
Que tu sois.
Qu'il *ou* qu'elle soit.
Que nous soyons.
Que vous soyez.
Qu'ils *ou* qu'elles soient.

IMPARFAIT.

Que je fusse.
Que tu fusses.
Qu'il *ou* qu'elle fût.
Que nous fussions.
Que vous fussiez.
Qu'ils *ou* qu'elles fussent.

PARFAIT.

Que j'aie été.
Que tu aies été.
Qu'il *ou* qu'elle ait été.
Que nous ayons été.
Que vous ayez été.
Qu'ils *ou* qu'elles aient été.

PLUS-QUE-PARFAIT.

Que j'eusse été.
Que tu eusses été.
Qu'il *ou* qu'elle eût été.
Que nous eussions été.
Que vous eussiez été.
Qu'ils *ou* qu'elles eussent été.

CONDITIONNEL.

PRÉSENT.

Je serais.
Tu serais.
Il *ou* elle serait.
Nous serions.
Vous seriez.
Ils *ou* elles seraient.

PARFAIT.

J'aurais été.
Tu aurais été.
Il *ou* elle aurait été.
Nous aurions été.
Vous auriez été.
Ils *ou* elles auraient été.

On dit aussi :

J'eusse été.
Tu eusses été.
Il *ou* elle eût été.
Nous eussions été.
Vous eussiez été. 4
Ils *ou* elles eussent été.

INFINITIF.

PRÉSENT.

Être.

PARFAIT.

Avoir été.

FUTUR.

Devoir être.

PARTICIPE.

PRÉSENT.

Étant.

PASSÉ.

Été, ayant été.

FUTUR.

Devant être.

§ 26. *Des Verbes actifs.*

Il y a pour les verbes actifs quatre sortes de conjugaisons que l'on distingue entre elles par la terminaison du présent de l'infinitif.

La première conjugaison a le présent de l'infinitif terminé en *er*, comme *aimer*.

La seconde en *ir*, comme *avertir*.

La troisième en *oir*, comme *recevoir*.

La quatrième en *re*, comme *entendre*.

FORMATION DES TEMPS DANS LES VERBES ACTIFS.

Il y a cinq temps primitifs, le *présent de l'infinitif*, le *participe présent*, le *participe passé*, le *présent de l'indicatif* et le *parfait défini*.

I. Du présent de l'infinitif se forment,

1° Le futur absolu, en ajoutant *ai* ou en changeant *oir* ou *re* en *rai* : aimer, *j'aimerai*; — avertir, *j'avertirai*; — recevoir, *je recevrai*; — entendre, *j'entendrai*.

2° Le conditionnel présent, en ajoutant *ais* ou en changeant *oir* ou *re* en *rais* : aimer, *j'aimerais*; — avertir, *j'avertirais*; — recevoir, *je recevrais*; — entendre, *j'entendrais*.

II. Du participe présent se forment,

1° Les trois personnes plurielles du présent de l'indicatif, par le changement de *ant* en *ons*, *ez*, *ent*, ou de *evant* en *evons*, *evez*, *oivent* : aimant, *nous aimons*; — avertissant, *nous avertissons*; — recevant, *nous recevons*; — entendant, *nous entendons*.

2° L'imparfait de l'indicatif, par le changement de *ant* en *ais* : aimant, *j'aimais*; — avertissant, *j'avertissais*; — recevant, *je recevais*; — entendant, *j'entendais*.

III. Du participe passé se forment tous les temps composés au moyen du verbe *avoir*.

1° Le parfait indéfini, *j'ai aimé, averti, reçu, entendu*. 2° Le parfait antérieur défini, *j'eus aimé*. 3° Le parfait antérieur indéfini, *j'ai eu aimé*. 4° Le plus-que-parfait, *j'avais aimé*. 5° Le futur antérieur, *j'aurai aimé*. 6° Le parfait du subjonctif, *que j'aie aimé*. 7° Le plus-que-parfait du subjonctif, *que j'eusse aimé*. 8° Le parfait conditionnel, *j'aurais aimé*. 9° Le parfait de l'infinitif, *avoir aimé*.

IV. Du présent de l'indicatif se forment,

1° L'impératif, en supprimant les pronoms qui servent de sujet, excepté aux troisièmes personnes du singulier et du pluriel : j'aime, *aime*; — j'avertis, *avertis*; — je reçois, *reçois*; — j'entends, *entends*.

2° Le présent du subjonctif, ou sans aucun changement, ou en ajoutant *se*, ou en changeant *s* en *ve* ou en *e* : j'aime, *que j'aime*; — j'avertis, *que j'avertisse*; — je reçois, *que je reçoive*; — j'entends, *que j'entende*.

V. Du parfait défini se forme l'imparfait du subjonctif, en changeant *ai* en *asse*, ou en ajoutant *se* : j'aimai, *que j'aimasse*; — j'avertis, *que j'avertisse*; — je reçus, *que je reçusse*; — j'entendis, *que j'entendisse*.

§ 27. *Première conjugaison. Infinitif en* er.

INDICATIF.

PRÉSENT.

J'aime.
Tu aimes.
Il aime.
Nous aimons.
Vous aimez.
Ils aiment.

IMPARFAIT.

J'aimais.
Tu aimais.
Il aimait.
Nous aimions.
Vous aimiez.
Ils aimaient.

PARFAIT DÉFINI.

J'aimai.
Tu aimas.
Il aima.
Nous aimâmes.
Vous aimâtes.
Ils aimèrent.

PARFAIT INDÉFINI.

J'ai aimé.
Tu as aimé.
Il a aimé.
Nous avons aimé.
Vous avez aimé.
Ils ont aimé.

PARF. ANT. DÉFINI.

J'eus aimé.
Tu eus aimé.
Il eut aimé.
Nous eûmes aimé.
Vous eûtes aimé.
Ils eurent aimé.

PARF. ANT. INDÉFINI.

J'ai eu aimé.
Tu as eu aimé.
Il a eu aimé.
Nous avons eu aimé.
Vous avez eu aimé.
Ils ont eu aimé.

PLUS-QUE-PARFAIT.

J'avais aimé.
Tu avais aimé.
Il avait aimé.
Nous avions aimé.
Vous aviez aimé.
Ils avaient aimé.

FUTUR ABSOLU.

J'aimerai.
Tu aimeras.
Il aimera.
Nous aimerons.
Vous aimerez.
Ils aimeront.

FUTUR ANTÉRIEUR.

J'aurai aimé.
Tu auras aimé.
Il aura aimé.
Nous aurons aimé.
Vous aurez aimé.
Ils auront aimé.

IMPÉRATIF.

PRÉSENT.

(Point de 1re *personne au singulier.)*

Aime.
Qu'il aime.
Aimons.
Aimez.
Qu'ils aiment.

SUBJONCTIF.

PRÉSENT.

Que j'aime.
Que tu aimes.
Qu'il aime.
Que nous aimions.
Que vous aimiez.
Qu'ils aiment.

IMPARFAIT.

Que j'aimasse.
Que tu aimasses.
Qu'il aimât.
Que nous aimassions.
Que vous aimassiez.
Qu'ils aimassent.

PARFAIT.

Que j'aie aimé.
Que tu aies aimé.
Qu'il ait aimé.
Que nous ayons aimé.
Que vous ayez aimé.
Qu'ils aient aimé.

PLUS-QUE-PARFAIT.

Que j'eusse aimé.
Que tu eusses aimé.
Qu'il eût aimé.
Que nous eussions aimé.
Que vous eussiez aimé.
Qu'ils eussent aimé.

CONDITIONNEL.

PRÉSENT.

J'aimerais.
Tu aimerais.
Il aimerait.
Nous aimerions.
Vous aimeriez.
Ils aimeraient.

PARFAIT.

J'aurais aimé.
Tu aurais aimé.
Il aurait aimé.
Nous aurions aimé.
Vous auriez aimé.
Ils auraient aimé.

On dit aussi :

J'eusse aimé, tu eusses aimé, il eût aimé, nous eussions aimé, vous eussiez aimé, ils eussent aimé.

INFINITIF.

PRÉSENT.

Aimer.

PARFAIT.

Avoir aimé.

FUTUR.

Devoir aimer.

PARTICIPE PRÉSENT.

Aimant.

PARTICIPE PASSÉ.

Aimé, aimée, ayant aimé.

PARTICIPE FUTUR.

Devant aimer.

(*V.* § 31, les remarques sur la première conjugaison.)

§ 28. *Seconde conjugaison. Infinitif en ir.*

INDICATIF.

PRÉSENT.

J'avertis.
Tu avertis.
Il avertit.
Nous avertissons.
Vous avertissez.
Ils avertissent.

IMPARFAIT.

J'avertissais.
Tu avertissais.
Il avertissait.
Nous avertissions.
Vous avertissiez.
Ils avertissaient.

PARFAIT DÉFINI.

J'avertis.
Tu avertis.
Il avertit.
Nous avertîmes.
Vous avertîtes.
Ils avertirent.

PARFAIT INDÉFINI.

J'ai averti.
Tu as averti.
Il a averti.
Nous avons averti.
Vous avez averti.
Ils ont averti.

PARF. ANT. DÉFINI.

J'eus averti.
Tu eus avertis.
Il eut averti.
Nous eûmes averti.
Vous eûtes averti.
Ils eurent averti.

PARF. ANT. INDÉFINI.

J'ai eu averti.
Tu as eu averti.
Il a eu averti.
Nous avons eu averti.
Vous avez eu averti.
Ils ont eu averti.

PLUS-QUE-PARFAIT.

J'avais averti.
Tu avais averti.
Il avait averti.
Nous avions averti.
Vous aviez averti.
Ils avaient averti.

FUTUR ABSOLU.

J'avertirai.
Tu avertiras.
Il avertira.
Nous avertirons.
Vous avertirez.
Ils avertiront.

FUTUR ANTÉRIEUR.

J'aurai averti.
Tu auras averti.
Il aura averti.
Nous aurons averti.
Vous aurez averti.
Ils auront averti.

IMPÉRATIF.

PRÉSENT.

(*Point de 1re personne au singulier.*)

Avertis.
Qu'il avertisse.
Avertissons.
Avertissez.
Qu'ils avertissent.

SUBJONCTIF.

PRÉSENT.

Que j'avertisse.
Que tu avertisses.
Qu'il avertisse.
Que nous avertissions.
Que vous avertissiez.
Qu'ils avertissent.

IMPARFAIT.

Que j'avertisse.
Que tu avertisses.
Qu'il avertît.
Que nous avertissions.
Que vous avertissiez.
Qu'ils avertissent.

PARFAIT.

Que j'aie averti.
Que tu aies averti.
Qu'il ait averti.
Que nous ayons averti.
Que vous ayez averti.
Qu'ils aient averti.

PLUS-QUE-PARFAIT.

Que j'eusse averti.
Que tu eusses averti.
Qu'il eût averti.
Que nous eussions averti.
Que vous eussiez averti.
Qu'ils eussent averti.

CONDITIONNEL.

PRÉSENT.

J'avertirais.
Tu avertirais.
Il avertirait.
Nous avertirions.
Vous avertiriez.
Ils avertiraient.

PARFAIT.

J'aurais averti.
Tu aurais averti.
Il aurait averti.
Nous aurions averti.
Vous auriez averti.
Ils auraient averti.

On dit aussi :

J'eusse averti, tu eusses averti, il eût averti, nous eussions averti, vous eussiez averti, ils eussent averti.

INFINITIF.

PRÉSENT.

Avertir.

PARFAIT.

Avoir averti.

FUTUR.

Devoir avertir.

PARTICIPE PRÉSENT.

Avertissant.

PARTICIPE PASSÉ.

Averti, avertie, ayant averti.

PARTICIPE FUTUR.

Devant avertir.

(*V.* §. 32, les remarques sur la seconde conjugaison.)

2

§ 29. *Troisième conjugaison. Infinitif en* oir.

INDICATIF.

PRÉSENT.

Je reçois.
Tu reçois.
Il reçoit.
Nous recevons
Vous recevez.
Ils reçoivent.

IMPARFAIT.

Je recevais.
Tu recevais.
Il recevait.
Nous recevions.
Vous receviez.
Ils recevaient.

PARFAIT DÉFINI.

Je reçus.
Tu reçus.
Il reçut.
Nous reçûmes.
Vous reçûtes.
Ils reçurent.

PARFAIT INDÉFINI.

J'ai reçu.
Tu as reçu.
Il a reçu.
Nous avons reçu.
Vous avez reçu.
Ils ont reçu.

PARF. ANT. DÉFINI.

J'eus reçu.
Tu eus reçu.
Il eut reçu.
Nous eûmes reçu.
Vous eûtes reçu.
Ils eurent reçu.

PARF. ANT. INDÉFINI.

J'ai eu reçu.
Tu as eu reçu.
Il a eu reçu.
Nous avons eu reçu.
Vous avez eu reçu.
Ils ont eu reçu.

PLUS-QUE-PARFAIT.

J'avais reçu.
Tu avais reçu.
Il avait reçu.
Nous avions reçu.
Vous aviez reçu.
Ils avaient reçu.

FUTUR ABSOLU.

Je recevrai.
Tu recevras.
Il recevra.
Nous recevrons.
Vous recevrez.
Ils recevront.

FUTUR ANTÉRIEUR.

J'aurai reçu.
Tu auras reçu.
Il aura reçu.
Nous aurons reçu.
Vous aurez reçu.
Ils auront reçu.

IMPÉRATIF.

PRÉSENT.

(*Point de* 1re *personne au singulier.*)

Reçois.
Qu'il reçoive.
Recevons.
Recevez.
Qu'ils reçoivent.

SUBJONCTIF.

PRÉSENT.

Que je reçoive.
Que tu reçoives.
Qu'il reçoive.
Que nous recevions.
Que vous receviez.
Qu'ils reçoivent.

IMPARFAIT.

Que je reçusses.
Que tu reçusses.
Qu'il reçût.
Que nous reçussions.
Que vous reçussiez.
Qu'ils reçussent.

PARFAIT.

Que j'aie reçu.
Que tu aies reçu.
Qu'il ait reçu.
Que nous ayons reçu.
Que vous ayez reçu.
Qu'ils aient reçu.

PLUS-QUE-PARFAIT.

Que j'eusse reçu.
Que tu eusses reçu.
Qu'il eût reçu.
Que nous eussions reçu
Que vous eussiez reçu
Qu'ils eussent reçu.

CONDITIONNEL.

PRÉSENT.

Je recevrais.
Tu recevrais.
Il recevrait.
Nous recevrions.
Vous recevriez.
Ils recevraient.

PARFAIT.

J'aurais reçu.
Tu aurais reçu.
Il aurait reçu.
Nous aurions reçu.
Vous auriez reçu.
Ils auraient reçu.

On dit aussi :
*J'eusse reçu, tu eus
reçu, il eût reçu, n
eussions reçu, vous e
siez reçu, ils eussent re*

INFINITIF.

PRÉSENT.

Recevoir.

PARFAIT.

Avoir reçu.

FUTUR.

Devoir recevoir.

PARTICIPE PRÉSENT

Recevant.

PARTICIPE PASSÉ.

Reçu, reçue, ayant re

PARTICIPE FUTUR.

Devant recevoir.

(*V.* § 52, les remarques sur la troisième conjugaison.)

§ 30. *Quatrième conjugaison. Infinitif en* re.

INDICATIF.

PRÉSENT.

J'entends.
Tu entends.
Il entend.
Nous entendons.
Vous entendez.
Ils entendent.

IMPARFAIT.

J'entendais.
Tu entendais.
Il entendait.
Nous entendions.
Vous entendiez.
Ils entendaient.

PARFAIT DÉFINI.

J'entendis.
Tu entendis.
Il entendit.
Nous entendîmes.
Vous entendîtes.
Ils entendirent.

PARFAIT INDÉFINI.

J'ai entendu.
Tu as entendu.
Il a entendu.
Nous avons entendu.
Vous avez entendu.
Ils ont entendu.

PARF. ANT. DÉFINI.

J'eus entendu.
Tu eus entendu.
Il eut entendu.
Nous eûmes entendu.
Vous eûtes entendu.
Ils eurent entendu.

PARF. ANT. INDÉFINI.

J'ai eu entendu.
Tu as eu entendu.
Il a eu entendu.
Nous avons eu entendu.
Vous avez eu entendu.
Ils ont eu entendu.

PLUS-QUE-PARFAIT.

J'avais entendu.
Tu avais entendu.
Il avait entendu.
Nous avions entendu.
Vous aviez entendu.
Ils avaient entendu.

FUTUR ABSOLU.

J'entendrai.
Tu entendras.
Il entendra.
Nous entendrons.
Vous entendrez.
Ils entendront.

FUTUR ANTÉRIEUR.

J'aurai entendu.
Tu auras entendu.
Il aura entendu.
Nous aurons entendu.
Vous aurez entendu.
Ils auront entendu.

IMPÉRATIF.

PRÉSENT.

(*Point de* 1re *personne au singulier.*)
Entends.
Qu'il entende.
Entendons.
Entendez.
Qu'ils entendent.

SUBJONCTIF.

PRÉSENT.

Que j'entende.
Que tu entendes.
Qu'il entende.
Que nous entendions.
Que vous entendiez.
Qu'ils entendent.

IMPARFAIT.

Que j'entendisse.
Que tu entendisses.
Qu'il entendît.
Que nous entendissions.
Que vous entendissiez.
Qu'ils entendissent.

PARFAIT.

Que j'aie entendu.
Que tu aies entendu.
Qu'il ait entendu.
Que nous ayons entendu.
Que vous ayez entendu.
Qu'ils aient entendu.

PLUS-QUE-PARFAIT.

Que j'eusse entendu.
Que tu eusses entendu.
Qu'il eût entendu.   [du.
Que nous eussions enten-
Que vous eussiez entendu.
Qu'ils eussent entendu.

CONDITIONNEL.

PRÉSENT.

J'entendrais.
Tu entendrais.
Il entendrait.
Nous entendrions.
Vous entendriez.
Ils entendraient.

PARFAIT.

J'aurais entendu.
Tu aurais entendu.
Il aurait entendu.
Nous aurions entendu.
Vous auriez entendu.
Ils auraient entendu.

On dit aussi :

J'eusse entendu, tu eusses entendu, il eût entendu, nous eussions entendu, vous eussiez entendu, ils eussent entendu.

INFINITIF.

PRÉSENT.

Entendre.

PARFAIT.

Avoir entendu.

FUTUR.

Devoir entendre.

PARTICIPE PRÉSENT.

Entendant.

PARTICIPE PASSÉ.

Entendu, entendue, ayant entendu.

PARTICIPE FUTUR.

Devant entendre.

§ 31. *Remarques sur la première conjugaison.*

I. Dans les verbes en *cer*, lorsque la terminaison commence par *a* ou par *o*, on met une cédille sous le *c*. Ex. : *Je plac e, nous plaç ons.*

II. Dans les verbes en *ger*, quand la terminaison commence par *a* ou par *o*, on met un *e* muet après le *g*. Ex. : *Je partag e, nous partag e ons.*

III. Dans les verbes en *éer, ier, uer, ouer*, l'e muet qui se trouve au futur absolu et au conditionnel présent, n'est compté pour rien dans la prononciation. Ex. : *J'agréerai, j'agréerais;—je prierai, je prierais;—je remuerai, je remuerais;—je nouerai, je nouerais*, que l'on prononce *j'agrérai, j'agrérais, je prirai*, etc.

IV. Dans les verbes en *oyer, uyer*, on met *i* à la place de *y*, lorsque doit suivre immédiatement un *e* muet. Ex. : *J'emploie, nous employons;—j'appuie, nous appuyons.*

Il en est de même des verbes irréguliers qui ont le participe présent en *yant*, et des verbes *avoir* et *être*.

V. Dans les verbes en *ayer*, on se sert indifféremment de l'*y* ou l'*i* aux troisièmes personnes du singulier et du pluriel de l'indicatif présent, ainsi qu'à toutes les personnes du futur absolu et du conditionnel présent. Ex. : *Il paye* ou *il paie; ils payent* ou *ils paient; je payerai* ou *je paierai; je payerais* ou *je paierais*, etc.

VI. Les verbes terminés au participe présent en *iant, yant*, comme *prier, employer, appuyer, payer*, prennent les premiers deux *i*, les seconds un *y* et un *i* aux deux premières personnes plurielles de l'imparfait de l'indicatif et du présent du subjonctif. Ex. : *Nous priions;—nous employions; que nous appuyions, que vous payiez.*

VII. Dans les verbes dont l'avant-dernière syllabe se termine par un *é* fermé ou un *e* muet, tels que *céder, lever*, etc., l'é fermé de *céder*, l'e muet de *lever*, se change en e ouvert et prend l'accent grave lorsque la terminaison n'a qu'une syllabe et renferme un *e* muet. Ex. : *Je cède..., nous cédons..., ils cèdent;—je lève..., nous levons..., ils lèvent.*

VIII. Dans les verbes terminés en *ler* ou en *ter* précédé d'un *e* muet, comme *appeler, jeter, harceler, acheter*, etc., les uns redoublent la consonne finale du radical, lorsque la terminaison n'a qu'une syllabe et renferme un *e* muet. Ex. : *J'appelle..., nous appelons..., ils appellent;—je jette..., nous jetons..., ils jettent.*

Les autres changent l'e muet en e ouvert avec l'accent

grave. Ex. : Je harcèle..., *nous harcelons...*, ils harcèlent :
—j'achète..., *nous achetons...*, ils achètent.

§ 32. *Remarques sur la deuxième et sur la troisième conjugaison.*

I. Le verbe *bénir* a deux participes passés, *béni, bénie,* dans le sens ordinaire, et *bénit, bénite,* s'il s'agit de la bénédiction donnée par le prêtre. Ex. : *Famille bénie de Dieu ; —eau bénite, drapeau bénit.*

II. *Haïr* porte un tréma sur l'*i* dans toute la conjugaison, excepté aux trois personnes singulières du présent indicatif, *je hais, tu hais, il hait,* et à la seconde personne du singulier de l'impératif, *hais.*

On dit, au parfait défini, *nous haïmes, vous haïtes,* et à l'imparfait du subjonctif, *qu'il haït,* sans accent circonflexe : le tréma tient lieu de cet accent.

III. *Devoir* et *redevoir* font au participe passé *dû, redû,* avec un accent circonflexe.

§ 33. *Remarques générales sur les quatre conjugaisons.*

(Ces remarques s'appliquent aux verbes tant réguliers qu'irréguliers.)

I. Lorsque la première personne du singulier, au présent de l'indicatif, est terminée par un *e* muet, la seconde personne y ajoute *s,* et la troisième est semblable à la première. Ex. : *J'aime, tu aimes, il aime :—j'ouvre, tu ouvres, il ouvre.*

II. Quand la première personne du singulier, au présent de l'indicatif, est terminée par *s* ou *x,* la seconde personne est semblable à la première, et à la troisième, *s* ou *x* se changent en *t.* Ex : *J'avertis, tu avertis, il avertit ;—je reçois, tu reçois, il reçoit ;—je romps, tu romps, il rompt ;—je veux, tu veux, il veut.*

EXCEPTION. Quand les deux dernières lettres de la première personne du singulier, au présent de l'indicatif, sont *ds, ts* ou *cs,* à la troisième on supprime *s,* et l'on ne met rien à la place. Ex. : *J'entends, tu entends, il entend ;—je bats, tu bats, il bat ;—je vaincs, tu vaincs, il vainc.*

III. Toute seconde personne du singulier, dans les temps simples, se termine par *s,* excepté pour les verbes *pouvoir, vouloir, valoir.* Ex. : *Tu peux, tu veux, tu vaux.*

IV. La 1re et la 2e personne du pluriel du parfait défini, et la 3e singulière de l'imparfait du subjonctif, prennent un accent circonflexe. Ex. : *Nous aimâmes, vous aimâtes, qu'il aimât.*

V. La seconde personne singulière de l'impératif est tou-jours semblable à la première du présent de l'indicatif. Ex. : *J'aime*, aime;—*j'avertis*, avertis, etc.

Exception. Si la seconde personne de l'impératif, termi-née par un *e* muet, est suivie de *y*, en, on ajoute s à cette seconde personne, et l'on y joint les mots *y*, en, par le trait d'union. Ex. : *Penses-y*, *donnes-en*, *vas-y*, *vas-en prendre*.

§. 34. *Des Verbes conjugués interrogativement.*

I. Lorsque l'on conjugue un verbe interrogativement, les pronoms se placent après le verbe lui-même dans les temps simples; après le verbe auxiliaire, dans les temps composés : on met entre eux et le pronom un trait d'union. Ex. : *Ai-mes-tu? as-tu aimé? Entends-je? ai-je entendu?*

II. Si le verbe ou l'auxiliaire se termine et que le pronom commence par une voyelle, on intercale la lettre *t* entre deux traits d'union. Ex. : *Aime-t-il? A-t-il aimé?* etc.

III. Lorsque le verbe ou l'auxiliaire se termine par un *e* muet, cet *e* muet se change en *é* fermé devant le pronom *je*. Ex. : *Aimé-je? eussé-je aimé? eussé-je averti?* etc.

IV. Si la 1re personne du présent indicatif est un mono-syllabe terminé par plusieurs consonnes, au lieu de dire, par ex. : *rends-je*, *prends-je*, etc., on se sert d'une autre tournure, et l'on dit *est-ce que je rends? est-ce que je prends?* etc.

§ 35. *Conjugaison des Verbes passifs.*

Il y a pour les verbes passifs quatre conjugaisons correspondantes aux quatre conjugaisons actives, *ai-mer*, être aimé, — *avertir*, être averti, — *recevoir*, être reçu, — *entendre*, être entendu.

Il n'y a que les verbes actifs qui puissent être con-jugués passivement.

Tous les temps des verbes passifs sont composés, et se conjuguent avec les temps correspondans de l'auxi-liaire *être*, auquel on joint le participe passé du verbe actif.

Nous ne donnerons qu'un seul modèle de conjugai-son pour les verbes passifs, celui de *être aimé*.

§ 36. *Conjugaison des Verbes passifs.*
Modèle unique.

INDICATIF.

PRÉSENT.

Je suis aimé, ée.
Tu es aimé, ée.
Il *ou* elle est aimé, ée.
Nous sommes aimés, ées.
Vous êtes aimés, ées.
Ils *ou* elles sont aimés, ées.

IMPARFAIT.

J'étais aimé, ée.
Tu étais aimé, ée.
Il *ou* elle était aimé, ée.
Nous étions aimés, ées.
Vous étiez aimés, ées.
Ils *ou* elles étaient aimés, ées.

PARFAIT DÉFINI.

Je fus aimé, ée.
Tu fus aimé, ée.
Il *ou* elle fut aimé, ée.
Nous fûmes aimés, ées.
Vous fûtes aimés, ées.
Ils *ou* elles furent aimés, ées.

PARFAIT INDÉFINI.

J'ai été aimé, ée.
Tu as été aimé, ée.
Il *ou* elle a été aimé, ée.
Nous avons été aimés, ées.
Vous avez été aimés, ées.
Ils *ou* elles ont été aimés, ées.

PARFAIT ANTÉRIEUR.

J'eus été aimé, ée.
Tu eus été aimé, ée.
Il *ou* elle eut été aimé, ée.
Nous eûmes été aimés, ées.
Vous eûtes été aimés, ées.
Ils *ou* elles eurent été aimés, ées.

PLUS-QUE-PARFAIT.

J'avais été aimé, ée.
Tu avais été aimé, ée.
Il *ou* elle avait été aimé, ée.
Nous avions été aimés, ées.
Vous aviez été aimés, ées.
Ils *ou* elles avaient été aimés, ées.

FUTUR ABSOLU.

Je serai aimé, ée.
Tu seras aimé, ée.
Il *ou* elle sera aimé, ée.
Vous serons aimés, ées.
Vous serez aimés, ées.
Ils *ou* elles ser. aimés, ées.

FUTUR ANTÉRIEUR.

J'aurai été aimé, ée.
Tu auras été aimé, ée.
Il *ou* elle aura été aimé, ée.
Nous aurons été aimés, ées.
Vous aurez été aimés, ées.
Ils *ou* elles auront été aimés, ées.

IMPÉRATIF PRÉSENT.

(*Point de 1re personne au singulier.*)

Sois aimé, ée.
Qu'il *ou* qu'elle soit aimé, ée.
Soyons aimés, ées.
Soyez aimés, ées.
Qu'ils *ou* qu'elles soient aimés, ées.

SUBJONCTIF PRÉSENT.

Que je sois aimé, ée.
Que tu sois aimé, ée.
Qu'il *ou* qu'elle soit aimé, ée.
Que n. soyons aimés, ées.
Que v. soyez aimés, ées.
Qu'ils *ou* qu'elles soient aimés, ées.

IMPARFAIT.

Que je fusse aimé, ée.
Que tu fusses aimé, ée.
Qu'il *ou* qu'elle fût aimé, ée.
Que n. fussions aimés, ées.
Que v. fussiez aimés, ées.
Qu'ils *ou* qu'elles fussent aimés, ées.

PARFAIT.

Que j'aie été aimé, ée.
Que tu aies été aimé, ée.
Qu'il *ou* qu'elle ait été aimé, ée.
Que n. ayons été aimés, ées.
Que v. ayez été aimés, ées.
Qu'ils *ou* qu'elles aient été aimés, ées.

PLUS-QUE-PARFAIT.

Que j'eusse été aimé, ée.
Que tu eusses été aimé, ée.
Qu'il *ou* qu'elle eût été aimé, aimée.
Que nous eussions été aimés, ées.
Que vous eussiez été aimés, ées.
Qu'ils *ou* qu'elles eussent été aimés, ées.

CONDITIONNEL.

PRÉSENT.

Je serais aimé, ée.
Tu serais aimé, ée.
Il *ou* elle serait aimé, ée.
Nous serions aimés, ées.
Vous seriez aimés, ées.
Ils *ou* elles seraient aimés, ées.

PARFAIT.

J'aurais été aimé, ée.
Tu aurais été aimé, ée.
Il *ou* elle aurait été aimé, ée.
Nous aurions été aimés, ées.
Vous auriez été aimés, ées.
Ils *ou* elles auraient été aimés, ées.

On dit aussi :

J'eusse été aimé, ée ; tu eusses été aimé, ée ; il ou elle eût été aimé, ée ; nous eussions été aimés, ées ; vous eussiez été aimés, ées ; ils ou elles eussent été aimés, ées.

INFINITIF.

PRÉSENT.

Être aimé, ée.

PARFAIT.

Avoir été aimé, ée.

FUTUR.

Devoir être aimé, ée.

PARTICIPE PRÉSENT.

Étant aimé, ée.

PARTICIPE PASSÉ.

Ayant été aimé, ée.

PARTICIPE FUTUR.

Devant être aimé, ée.

§ 37. *Conjugaison des Verbes neutres.*

Il y a pour les verbes neutres, quatre conjugaisons correspondantes aux quatre conjugaisons actives : *aimer*, tomber ,—*avertir*, fleurir ,—*recevoir*, pourvoir, —*entendre*, descendre.

Parmi les verbes neutres, les uns, et c'est le plus grand nombre, se conjuguent avec l'auxiliaire *avoir ;* les autres, avec l'auxiliaire *être ;* d'autres enfin , tantôt avec *avoir*, tantôt avec *être*, selon qu'on veut exprimer l'*action* ou l'*état.*

Les verbes neutres qui se conjuguent avec l'auxiliaire *avoir*, suivent à leurs temps simples et à leurs temps composés l'un des quatre modèles des conjugaisons actives.

Les verbes neutres qui se conjuguent avec l'auxiliaire *être*, suivent aussi l'un de ces modèles dans leurs temps simples ; mais dans leurs temps composés ils s'en écartent, en ce qu'ils remplacent les temps de l'auxiliaire *avoir* par les temps correspondants de l'auxiliaire *être ;* ainsi *j'ai* est remplacé par *je suis ;* — *j'eus* par *je fus ;* — *j'avais* par *j'étais ;* — *j'aurai* par *je serai ;*—*que j'aie* par *que je sois ;*—*que j'eusse* par *que je fusse ;* — *j'aurais* et *j'eusse* par *je serais* et *je fusse ;* — *avoir* par *être ;* — *ayant* par *étant.*

Nous ne donnerons qu'un seul modèle de conjugaison pour les verbes neutres, celui de *tomber.*

§ 38. *Modèle de Conjugaison pour les Verbes neutres qui se conjuguent avec le Verbe* Être.

INDICATIF.

PRÉSENT.

Je tombe.
Tu tombes.
Il *ou* elle tombe.
Nous tombons.
Vous tombez.
Ils *ou* elles tombent.

IMPARFAIT.

Je tombais.
Tu tombais.
Il *ou* elle tombait.
Nous tombions.
Vous tombiez.
Ils *ou* elles tombaient.

PARFAIT DÉFINI.

Je tombai.
Tu tombas.
Il *ou* elle tomba.
Nous tombâmes.
Vous tombâtes.
Ils *ou* elles tombèrent.

PARFAIT INDÉFINI.

Je suis tombé, ée.
Tu es tombé, ée.
Il *ou* elle est tombé, ée.
Nous sommes tombés, ées.
Vous êtes tombés, ées.
Ils *ou* elles sont tombés, ées.

PARF. ANTÉR. DÉFINI.

Je fus tombé, ée.
Tu fus tombé, ée.
Il *ou* elle fut tombé, ée.
Nous fûmes tombés, ées.
Vous fûtes tombés, ées.
Ils *ou* elles furent tombés, ées.

PLUS-QUE-PARFAIT.

J'étais tombé, ée.
Tu étais tombé, ée.
Il *ou* elle était tombé, ée.
Nous étions tombés, ées.
Vous étiez tombés, ées.
Ils *ou* elles étaient tombés, ées.

FUTUR ABSOLU.

Je tomberai.
Tu tomberas.
Il *ou* elle tombera.
Nous tomberons.
Vous tomberez.
Ils *ou* elles tomberont.

FUTUR ANTÉRIEUR.

Je serai tombé, ée.
Tu seras tombé, ée.
Il *ou* elle sera tombé, ée.
Nous serons tombés, ées.
Vous serez tombés, ées.
Ils *ou* elles seront tombés, ées.

IMPÉRATIF.

PRÉSENT.

(*Point de* 1re *personne au singulier.*)
Tombe.
Qu'il *ou* qu'elle tombe.
Tombons.
Tombez.
Qu'ils *ou* qu'elles tombent.

SUBJONCTIF.

PRÉSENT.

Que je tombe.
Que tu tombes.
Qu'il *ou* qu'elle tombe.
Que nous tombions.
Que vous tombiez.
Qu'ils *ou* qu'elles tombent.

IMPARFAIT.

Que je tombasse.
Que tu tombasses.
Qu'il *ou* qu'elle tombât.
Que nous tombassions.
Que vous tombassiez.
Qu'ils *ou* qu'elles tombassent.

PARFAIT.

Que je sois tombé, ée.
Que tu sois tombé, ée.
Qu'il *ou* qu'elle soit tombé, ée.
Que n. soyons tombés, ées.
Que v. soyez tombés, ées.
Qu'ils *ou* qu'elles soient tombés, ées.

PLUS-QUE-PARFAIT.

Que je fusse tombé, ée.
Que tu fusses tombé, ée.
Qu'il *ou* qu'elle fût tombé, ée.
Que nous fussions tombés, ées.
Que v. fussiez tombés, ées.
Qu'ils *ou* qu'elles fussent tombés, ées.

CONDITIONNEL.

PRÉSENT.

Je tomberais.
Tu tomberais.
Il *ou* elle tomberait.
Nous tomberions.
Vous tomberiez.
Ils *ou* elles tomberaient.

PARFAIT.

Je serais tombé, ée.
Tu serais tombé, ée.
Il *ou* elle serait tombé, ée.
Nous serions tombés, ées.
Vous seriez tombés, ées.
Ils *ou* elles seraient tombés, ées.

On dit aussi :

Je fusse tombé, ée ; tu fusses tombé, ée ; il ou elle fût tombé, ée ; nous fussions tombés, ées ; vous fussiez tombés, ées ; ils ou elles fussent tombés, ées.

INFINITIF.

PRÉSENT

Tomber.

PARFAIT.

Être tombé, ée.

FUTUR.

Devoir tomber.

PARTICIPE PRÉSENT.

Tombant.

PARTICIPE PASSÉ.

Tombé, ée ; étant tombé, ée.

PARTICIPE FUTUR.

Devant tomber.

2*

REMARQUES. 1° *Fleurir* fait *fleurissant, nous fleurissons, je fleurissais*, lorsqu'il est pris dans le sens ordinaire, et *florissant, nous florissons, je florissais*, s'il s'agit de la prospérité d'un État, des arts, des sciences, etc. Ex. : *La poésie et l'éloquence* florissaient *sous Louis XIV.*

2° Les verbes neutres réguliers qui ne se conjuguent qu'avec l'auxiliaire *être*, sont : *tomber, retomber, décéder, arriver, entrer, rentrer, retourner.*

3° Les verbes neutres réguliers qui se conjuguent tantôt avec *avoir*, tantôt avec *être*, selon qu'on veut exprimer l'action ou l'état, sont : *accoucher, cesser, demeurer, échapper, expirer, monter, passer, rester, sonner, grandir, embellir, rajeunir, vieillir, descendre.*

§ 39. *Conjugaison des Verbes pronominaux.*

Il y a pour les verbes pronominaux, quatre conjugaisons correspondantes aux quatre conjugaisons actives : *aimer*, se tromper, — *avertir*, se réjouir, — *recevoir*, s'apercevoir, — *entendre*, s'attendre.

Les verbes pronominaux empruntent dans leurs temps composés, le verbe auxiliaire *être*, et suivent à cet égard le modèle *tomber.*

Dans les verbes pronominaux, le verbe *être* tient lieu du verbe *avoir*. Ex. : *je me* suis *trompé*, est pour *je m'ai trompé, j'ai trompé moi.*

Tout verbe actif peut devenir pronominal, à moins que le sens ne s'y oppose ; mais quelques verbes ne peuvent s'employer que comme pronominaux, tels que *s'emparer, se repentir, s'abstenir, etc.* En effet, on ne dit pas *emparer, repentir, abstenir, etc.*, comme on dit *aimer, avertir, etc.* : ces verbes s'appellent *verbes pronominaux essentiels.* Les autres se nomment *verbes pronominaux accidentels.*

Nous ne donnerons qu'un modèle de conjugaison pour les verbes pronominaux, celui de *se tromper.*

§ 40. *Modèle de Conjugaison pour les Verbes pronominaux.*

INDICATIF.

PRÉSENT.

Je me trompe.
Tu te trompes.
Il *ou* elle se trompe.
Nous nous trompons.
Vous vous trompez.
Il *ou* elle se trompe.

IMPARFAIT.

Je me trompais.
Tu te trompais.
Il *ou* elle se trompait.
Nous nous trompions.
Vous vous trompiez.
Ils *ou* elles se trompaient.

PARFAIT DÉFINI.

Je me trompai.
Tu te trompas.
Il *ou* elle se trompa.
Nous nous trompâmes.
Vous vous trompâtes.
Ils *ou* elles se trompèrent.

PARFAIT INDÉFINI.

Je me suis trompé, ée.
Tu t'es trompé, ée.
Il *ou* elle s'est trompé, ée.
Nous nous sommes trompés, ées.
Vous vous êtes trompés, ées.
Ils *ou* elles se sont trompés, ées.

PARF. ANT. DÉFINI.

Je me fus trompé, ée.
Tu te fus trompé, ée.
Il *ou* elle se fut trompé, ée.
Nous nous fûmes trompés, ées.
Vous v. fûtes trompés, ées.
Ils *ou* elles se furent trompés, ées.

PLUS-QUE-PARFAIT.

Je m'étais trompé, ée.
Tu t'étais trompé, ée.
Il *ou* elle s'était trompé, ée.
Nous nous étions trompés, ées.
Vous vous étiez trompés, ées.
Ils *ou* elles s'étaient trompés, ées.

FUTUR ABSOLU.

Je me tromperai.
Tu te tromperas.
Il *ou* elle se trompera.
Nous nous tromperons.
Vous vous tromperez.
Ils *ou* elles se tromperont.

FUTUR ANTÉRIEUR.

Je me serai trompé, ée.
Tu te seras trompé, ée.
Il *ou* elle se sera trompé, ée.
Nous nous serons trompés, ées.
Vous vous serez trompés, ées.
Ils *ou* elles se seront trompés, ées.

IMPÉRATIF. PRÉSENT.

(Point de 1re personne au singulier.)

Trompe-toi.
Qu'il *ou* qu'elle se trompe.
Trompons-nous.
Trompez-vous.
Qu'ils *ou* qu'elles se trompent.

SUBJONCTIF. PRÉSENT.

Que je me trompe.
Que tu te trompes.
Qu'il *ou* qu'elle se trompe.
Que nous nous trompions.
Que vous vous trompiez.
Qu'ils *ou* qu'elles se trompent.

IMPARFAIT.

Que je me trompasse.
Que tu te trompasses.
Qu'il *ou* qu'elle se trompât.
Que nous n. trompassions.
Que vous v. trompassiez.
Qu'ils *ou* qu'elles se trompassent.

PARFAIT.

Que je me sois trompé, ée.
Que tu te sois trompé, ée.
Qu'il *ou* qu'elle se soit trompé, ée.
Que nous nous soyons trompés, ées.
Que vous vous soyez trompés, ées.
Qu'ils *ou* qu'elles se soient trompés, ées.

PLUS-QUE-PARFAIT.

Que je me fusse trompé, ée.
Que tu te fusses trompé,
Qu'il *ou* qu'elle se fût trompé, ée.
Que nous nous fussions trompés, ées.
Que vous vous fussiez trompés, ées.
Qu'ils *ou* qu'elles se fussent trompés, ées.

CONDITIONNEL.

PRÉSENT.

Je me tromperais.
Tu te tromperais.
Il *ou* elle se tromperait.
Nous nous tromperions.
Vous vous tromperiez.
Ils *ou* elles se tromperaient

PARFAIT.

Je me serais trompé, ée.
Tu te serais trompé, ée.
Il *ou* elle se serait trompé, ée.
Nous nous serions trompés, ées.
Vous v. ser. trompés, ées.
Ils *ou* elles se seraient trompés, ées.

On dit aussi :

*Je me fusse trompé, ée ;
tu te fusses trompé, ée ;
il ou elle se fût trompé,
ée ; nous nous fussions
trompés, ées ; vous vous
fussiez trompés, ées ; ils
ou elles se fussent trompés, ées.*

INFINITIF. PRÉSENT.

Se tromper.

PARFAIT.

S'être trompé, ée.

FUTUR.

Devoir se tromper.

PARTICIPE PRÉSENT.

Se trompant.

PARTICIPE PASSÉ.

Trompé, ée ; s'étant trompé, ée.

PARTICIPE FUTUR.

Devant se tromper.

§ 41. *Conjugaison des Verbes irréguliers.*

Il y a des verbes irréguliers actifs, neutres et pronominaux.

Les verbes irréguliers actifs, à l'exception de leurs irrégularités, suivent, dans la formation de leurs temps, l'un des modèles des quatre conjugaisons actives. La terminaison du présent de l'infinitif fait connaître à quelle conjugaison ils appartiennent.

Les verbes irréguliers neutres, à l'exception de leurs irrégularités, suivent, dans la formation de leurs temps, le modèle *tomber*, et dans leurs terminaisons, l'un des modèles des quatre conjugaisons actives.

Les verbes irréguliers pronominaux, à l'exception de leurs irrégularités, suivent, dans la formation de leurs temps, le modèle *se tromper*, et dans leurs terminaisons, l'un des modèles des quatre conjugaisons actives.

§ 42. *Liste des Verbes irréguliers actifs.*

(Toute irrégularité sera imprimée en caractères italiques.)

Ire CONJUGAISON.—Envoyer, envoyant, envoyé, *j'envoie*, j'envoyai.—Futur absolu, *j'enverrai, tu enverras,* etc. Condit. prés., *j'enverrais, tu enverrais,* etc.

Remarques. 1° Les composés se conjuguent généralement comme leurs simples : ainsi *renvoyer* fait *je renverrai,* etc.

2° Lorsque le présent du subjonctif ne se forme pas d'après les règles du § 26, et qu'il n'est pas indiqué dans la liste, on le forme de la 3e personne plurielle du présent de l'indicatif pour le retranchement de *nt.* Ex. : Ils *meurent :* —que je *meure.*

IIe CONJUGAISON.—Assaillir, *assaillant,* assailli. *j'assaille,* j'assaillis.

Vêtir, *vêtant, vêtu, je vêts,* je vêtis.

Fuir, *fuyant, fui,* je fuis, je fuis.

Offrir, *offrant, offert, j'offre,* j'offris. Tels sont les verbes en *frir.*

Ouvrir, *ouvrant, ouvert, j'ouvre,* j'ouvris. Tels sont les verbes en *vrir.*

Sentir, *sentant,* senti. *je sens,* je sentis.

Servir, *servant*, servi, *je sers*, je servis. — *Asservir* est régulier.

— Acquérir, *acquérant*, acquis, *j'acquiers*, *j'acquis*. — Prés. de l'ind., j'acquiers, tu acquiers, il acquiert, nous acquérons, vous acquérez, *ils acquièrent*. — Futur absolu, *j'acquerrai*, *tu acquerras*, etc. — Cond. prés., *j'acquerrais*, *tu acquerrais*, etc.

Cueillir, *cueillant*, cueilli, *je cueille*, je cueillis. — Fut. abs., *je cueillerai*, *tu cueilleras*, etc.—Condit. prés., *je cueillerais*, *tu cueillerais*, etc.

Tenir, *tenant*, tenu, *je tiens*, *je tins*. — Prés. de l'ind., je tiens, tu tiens, il tient, nous tenons, vous tenez, *ils tiennent*. — Fut. abs., *je tiendrai*, *tu tiendras*, etc. — Prés. du subj., *que je tienne, que tu tiennes, qu'il tienne*, que nous tenions, que vous teniez, qu'ils tiennent.—Cond. prés., *je tiendrais*, *tu tiendrais*, etc.

IIIe CONJUGAISON. — Prévoir, *prévoyant*, prévu, je prévois, *je prévis*.

Surseoir, *sursoyant*, *sursis*, je sursois, *je sursis*.

— Mouvoir, mouvant, *mu*, *je meus*, *je mus*.—Prés. de l'ind., je meus, tu meus, il meut, nous mouvons, vous mouvez, *ils meuvent*.—Prés. du subj., *que je meuve, que tu meuves, qu'il meuve*, etc.

Pouvoir, pouvant, *pu*, *je peux* ou mieux *je puis*, *je pus*. —Prés. de l'ind., je peux *ou* je puis, tu peux, il peut, nous pouvons, vous pouvez, *ils peuvent*.—Fut. abs., *je pourrai*, *tu pourras*, etc.—Prés. du subj., *que je puisse, que tu puisses*, etc.—Cond. prés., *je pourrais*, *tu pourrais*, etc.

Savoir, *sachant*, su, *je sais*, *je sus*.—Prés. de l'ind., je sais, tu sais, il sait, *nous savons, vous savez, ils savent.* — Imparf., *je savais*, *tu savais*, etc.—Fut. abs., *je saurai*, *tu sauras*, etc.—Impératif, *sache*, qu'il sache, *sachons*, *sachez*, qu'ils sachent.—Prés. du subj., *que je sache, que tu saches*, etc.—Cond. prés., *je saurais*, *tu saurais*, etc.

Valoir, valant, valu, *je vaux*, je valus.—Prés. de l'ind., je vaux, tu vaux, il vaut, nous valons, vous valez, ils valent.—Fut., *je vaudrai*, *tu vaudras*, etc.—Prés. du subj., *que je vaille, que tu vailles, qu'il vaille*, que nous valions, que vous valiez, *qu'ils vaillent*. — Cond. prés., *je vaudrais*, *tu vaudrais*, etc.

Voir, *voyant*, vu, *je vois*, *je vis*.—Fut. abs., *je verrai*, *tu verras*, etc.—Condit. prés., *je verrais*, *tu verrais*, etc.

Vouloir, voulant, voulu, *je veux*, je voulus.—Prés. de l'ind., *je veux, tu veux, il veut*, nous voulons, vous voulez,

ils veulent.—Fut. abs., *je voudrai, tu voudras,* etc.—Impér..
2ᵉ pers. pl., *veuillez.*—Prés. du subj., *que je veuille, que tu
veuilles, qu'il veuille,* que nous *voulions,* que vous *vouliez,
qu'ils veuillent.*—Condit. prés., *je voudrais, tu voudrais,* etc.

IVᵉ CONJUGAISON.—Circoncire, *circoncisant, circoncis,*
je circoncis, *je circoncis.*

Croire, *croyant, cru, je crois, je crus.*

Conclure, concluant, conclu, je conclus, *je conclus.* —
Tel est *exclure,* excepté au participe passé, qui fait *exclu*
ou *exclus.*

Conduire, *conduisant, conduit,* je conduis, *je conduisis.*
—Tels sont les verbes en *duire* et en *ruire.*

Confire, *confisant, confit,* je confis, *je confis.*

Maudire, *maudissant, maudit,* je maudis, *je maudis.*

Connaître, *connaissant, connu,* je connais, *je connus.*

Battre, battant, battu, *je bats,* je battis.

Coudre, *cousant, cousu,* je couds, *je cousis.*

Craindre, *craignant, craint, je crains, je craignis.* —Tels
sont les verbes en *aindre.*

Teindre, *teignant, teint, je teins, je teignis.* — Tels sont
les verbes en *eindre.*

Oindre, *oignant, oint, j'oins, j'oignis.*—Tels sont les
verbes en *oindre.*

Écrire, *écrivant, écrit, j'écris, j'écrivis.*

Lire, *lisant, lu,* je lis, *je lus.*

Mettre, mettant, *mis,* je mets, *je mis.*

Moudre, *moulant, moulu,* je mouds, *je moulus.*

Repaître, *repaissant, repu,* je repais, *je repus.*

Résoudre (décider), *résolvant, résolu* ou *résous,* au fém.
résoute, je résous, je résolus. —Dans le sens de *réduire,* il
n'a point de parfait défini.

Suivre, suivant, *suivis, je suis,* je suivis.

Taire, *taisant, tû,* je tais, *je tus.*

— Prendre, *prenant, pris,* je prends, *je pris.*—Prés. de
l'ind. , je prends, tu prends, il prend, nous prenons, vous
prenez, *ils prennent.*—Prés. du subj., *que je prenne, que tu
prennes, qu'il prenne,* que nous prenions, que vous preniez,
qu'ils prennent.

Boire, *buvant, bu,* je bois, *je bus.* — Prés. de l'ind., je
bois, tu bois, il boit, nous buvons, vous buvez, *ils
boivent.* — Prés. du subj., *que je boive, que tu boives, qu'il
boive,* que nous buvions, que vous buviez, qu'ils boivent.

Dire, *disant, dit,* je dis, *je dis.*—Prés. de l'ind., je dis,
tu dis, il dit, nous disons, *vous dites,* ils disent.—Impér..

2ᵉ pers. plur., *dites.* — Subj. prés., 2ᵉ pers. plur., *que vous disiez.* — Tel est *redire; mais contredire, dédire, interdire, médire, prédire,* font *vous contredisez,* etc.

FAIRE, *faisant, fait, je fais, je fis.* — Prés. de l'ind., je fais, tu fais, il fait, nous faisons, *vous faites, ils font.* — Futur abs., *je ferai, tu feras,* etc. — Prés. du subj., *que je fasse, que tu fasses,* etc. — Condit. prés.. *je ferais, tu ferais,* etc.

§ 43. *Liste des Verbes irréguliers neutres.*

Iʳᵉ CONJUGAISON.—ALLER, *allant,* allé (je suis allé), *je vais, j'allai.* — Prés. de l'ind., *je vas,* ou mieux *je vais, tu vas, il va,* nous allons, vous allez, *ils vont.*— Fut. abs., *j'irai, tu iras,* etc.—Impér., *va,* qu'il aille. allons, allez, qu'ils aillent.—Prés. du subj., *que j'aille, que tu ailles, qu'il aille,* que nous allions, que vous alliez, *qu'ils aillent.* — Cond. prés., *j'irais, tu irais,* etc.

IIᵉ CONJUGAISON. — BOUILLIR, *bouillant,* bouilli. je bous, je bouillis.

FAILLIR, *faillant,* failli. *je faux,* je faillis.

DORMIR, *dormant,* dormi, *je dors,* je dormis.

MENTIR, *mentant,* menti, *je mens,* je mentis.

PARTIR, *partant,* parti (je suis parti), *je pars,* je partis.

SORTIR, *sortant,* sorti (je suis sorti), *je sors, je sortis.*

—COURIR, *courant, couru, je cours, je courus.*—Fut. abs., *je courrai, tu courras,* etc. — Cond. prés., *je courrais, tu courrais,* etc.—*Accourir* se conjugue avec *avoir* ou *être.*

MOURIR, *mourant,* mort (je suis mort). *je meurs, je mourus.*—Prés. de l'ind., je meurs, tu meurs, il meurt, nous mourons, vous mourez, *ils meurent.*—Futur abs., *je mourrai, tu mourras,* etc.— Prés. du subj.. *que je meure, que tu meures,* etc.—Cond. prés.. *je mourrais, tu mourrais,* etc.

TRESSAILLIR, *tressaillant,* tressailli. *je tressaille,* je tressaillis. — Fut. abs., *je tressaillerai, tu tressailleras,* etc. — Cond. prés., *je tressaillerais, tu tressaillerais,* etc.

VENIR, *venant,* venu (je suis venu), *je viens, je vins.* — Prés. de l'ind., je viens, tu viens. il vient, nous venons, vous venez, *ils viennent.*— Fut. abs., *je viendrai, tu viendras,* etc. — Prés. du subj., *que je vienne, que tu viennes, qu'il vienne,* que nous venions. que vous veniez, qu'ils viennent.— Cond. prés., *je viendrais, tu viendrais,* etc.— *Convenir* prend *avoir* dans le sens de *plaire,* et *être* dans le sens de *être d'accord.*

IIIᵉ CONJUGAISON. — POURVOIR, *pourvoyant,* pourvu, je pourvois, je pourvus.

—Écuoir, *échéant*, échu (je suis échu), j'échois, j'échus. —Fut. abs., *j'écherrai, tu écherras*, etc.—Cond. prés., *j'écherrais, tu écherrais*, etc.

Équivaloir, se conjugue comme *valoir*. (§ 42.)

Prévaloir, se conjugue comme *valoir*, à l'exception du prés. du subj., *que je prévale, que tu prévales, qu'il prévale, que nous prévalions, que vous prévaliez, qu'ils prévalent*.

IVᵉ CONJUGAISON.— Rire, riant, *ri, je ris, je ris*.

Croître, *croissant, crû* (j'ai crû *ou* je suis crû), *je crois, je crûs*.

Naître, *naissant, né* (je suis né), *je nais, je naquis*.

Paraître, *paraissant, paru, je parais, je parus*.

Nuire, *nuisant, nui, je nuis, je nuisis*.

Plaire, *plaisant, plu, je plais, je plus*.

Suffire, *suffisant, suffi*, je suffis, *je suffis*.

Vivre, vivant, *vécu, je vis, je vécus*.

§ 44. *Liste des Verbes irréguliers pronominaux.*

Iᵉ CONJUGAISON. — S'en aller se conjugue comme *aller* ; mais le mot *en* doit suivre immédiatement le pronom personnel qui donne au verbe sa forme pronominale. Ex. : Je m'en vais, nous *nous en* allons, ils s'en vont. —Ils s'en sont allés —S'en iront-ils?— Nous *nous en* serions allés si...—Va-*t'en*.— Allez-*vous-en*.

IIᵉ CONJUGAISON. — S'abstenir, se conjugue comme *tenir*. (*V*. § 42.)

S'enfuir, comme *fuir*. (*V*. § 42.)

S'enquérir, comme *acquérir*. (*V*. § 42.)

Se souvenir, se ressouvenir, comme *venir*. (*V*. § 43.)

IIIᵉ CONJUGAISON.—S'asseoir, *s'asseyant, s'étant assis, je m'assieds, je m'assis*. — Prés. de l'ind., je m'assieds, tu t'assieds, il s'assied, nous nous asseyons, vous vous asseyez, ils s'asseyent *ou* ils s'asseient. — Fut. abs., *je m'assiérai, tu t'assiéras*, etc. On dit aussi *je m'asséierai, tu t'asséieras*.— Cond. prés., *je m'assiérais, tu t'assiérais*, etc., ou *je m'asséierais, tu t'asséierais*.

IVᵉ CONJUGAISON. — S'ensuivre se conjugue comme *suivre* (§ 42), mais ne s'emploie qu'aux troisièmes personnes, tant du singulier que du pluriel.

§ 45. *Des Verbes défectueux.*

Il y a des verbes défectueux actifs et neutres, réguliers ou irréguliers.

Les verbes défectueux actifs suivent l'un des modèles des quatre conjugaisons actives.

Les verbes défectueux neutres suivent le modèle *tomber*, s'ils se conjuguent avec *être*.

Les verbes défectueux qui manquent de l'un des temps primitifs, manquent conséquemment des temps qui en sont formés.

§ 46. *Liste des Verbes défectueux actifs réguliers ou irréguliers.*

Ire CONJUGAISON.—Tisser, *tissu.*—Il manque du participe présent, du présent de l'indicatif et du parfait défini.

IIe CONJUGAISON.—Ouïr, *ouï*, j'ouïs.—Il manque du participe présent et du présent de l'indicatif.

Quérir, n'est employé qu'à l'infinitif et avec les verbes *aller, venir, envoyer.*

IIIe CONJUGAISON. — Promouvoir, *promus, je promus.* — Il manque du participe présent et du présent de l'indicatif.

Ravoir, composé d'*avoir*, n'a que le présent de l'indicatif.

IVe CONJUGAISON. — Absoudre, *absolvant, absous*, au fém. *absoute*, *j'absous.* — Il manque du parfait défini.—Il en est de même de *dissoudre.*

Clore, *clos*, au fém. *close*, je clos, tu clos, il clôt, sans pluriel.—Point de participe présent et de parfait défini.

Frire, *frit*, je fris, tu fris, il frit, sans pluriel. — Il manque du participe présent et du parfait défini.

Paître, *paissant, pu* (terme de fauconnerie), *je pais.*— Il manque du parfait défini.

Réclure, *réclus*, fém. *récluse.* — Il manque du participe présent, du présent de l'indicatif et du parfait défini.

Traire, *trayant, trait*, je trais.— Il manque du parfait défini.

§ 47. *Verbes défectueux neutres réguliers ou irréguliers.*

Ire CONJUGAISON.—Puer, *puant, je pue.*—Il manque du participe passé et du parfait défini.

IIe CONJUGAISON.— Défaillir, *défailli, je défaillis.* — Il manque du participe présent et du présent de l'indicatif: cependant on dit : *nous défaillons, ils défaillent.—Je défaillais.*

Gésir (hors d'usage), *gisant.*—Au présent de l'ind. il a *il gît, nous gisons, ils gisent.* — A l'imparf., *il gisait, ils gisaient.*—Le reste manque.

Issir (hors d'usage), *issu* (je suis issu).—Le reste manque.

Saillir, *saillant, il saille.*— Il manque du participe passé et du parfait défini, et ne se conjugue qu'aux troisièmes personnes du singulier et du pluriel.

IIIe CONJUGAISON. — Choir, *chu*, n'a que ces deux temps primitifs.

Déchoir, déchu (j'ai déchu *ou* je suis déchu), je déchois, je déchus. — Il manque du participe présent. — Fut. abs., *je décherrai, tu décherras,* etc. — Cond. prés., *je décherrais, tu décherrais,* etc.

Seoir (*être assis*), hors d'usage, n'a que le participe présent *séant.* — *Sis, sise,* participe passé, ne s'emploie que comme adjectif, *maison sise à Paris, rue Saint-Denis.*

, IVe CONJUGAISON. — Éclore. *éclos,* fém. *éclose* (je suis éclos), *il éclôt, ils éclosent.* — Fut., *il éclôra, ils éclôront.* — Prés. subj., *qu'il éclose, qu'ils éclosent.* — Cond. prés., *il éclôrait, ils éclôraient.*

Luire, *luisant, lui,* je luis. — Il manque du parfait défini.

Poindre, n'a que l'infinitif. Ex. : Le jour commence à *poindre.*

Accroire n'est d'usage qu'à l'infinitif avec le verbe *faire.*

Braire, il brait. — Il manque du participe présent, du participe passé et du parfait défini. — Du reste il ne s'emploie qu'aux troisièmes personnes du singulier et du pluriel.

Bruire, *bruyant,* n'est usité qu'à l'infinitif et aux troisièmes personnes de l'imparfait.

Renaître, *renaissant,* je renais. — Il manque du participe passé et du parfait défini.

Sourdre, *sortir de terre,* ne se dit guère que des eaux. — Il n'a que l'infinitif et les troisièmes personnes du présent de l'indicatif.

§ 48. *Conjugaison des Verbes unipersonnels.*

Il y a quatre conjugaisons pour les verbes unipersonnels comme pour les verbes actifs, et cela, sauf les irrégularités : *importer,* il importe ; *convenir,* il convient ; *falloir,* il faut ; *s'ensuivre,* il s'ensuit.

Les verbes unipersonnels prennent, les uns l'auxiliaire *avoir,* les autres l'auxiliaire *être,* comme, *il a fallu* (falloir), *il s'en est fallu* (s'en falloir).

Conjugaison du Verbe unipersonnel **falloir.**

INDICATIF.	FUTUR ABSOLU.	CONDITIONNEL.
PRÉSENT.	Il faudra.	PRÉSENT.
Il faut.	FUTUR ANTÉRIEUR.	Il faudrait.
IMPARFAIT.	Il aura fallu.	PARFAIT.
Il fallait.	SUBJONCTIF.	Il aurait fallu.
PARFAIT DÉFINI.	PRÉSENT.	*On dit aussi :*
Il fallut.	Qu'il faille.	Il eût fallu.
PARFAIT INDÉFINI.	IMPARFAIT.	INFINITIF.
Il a fallu.	Qu'il fallût.	PRÉSENT.
PARF. ANT. DÉFINI.	PARFAIT.	Falloir.
Il eut fallu.	Qu'il ait fallu.	PARTICIPE PASSÉ.
PLUS-QUE-PARFAIT.	PLUS-QUE-PARFAIT.	Ayant fallu.
Il avait fallu.	Qu'il eût fallu.	

PLEUVOIR, pleuvant, *plu, il pleut, il plut.*—Fut. abs., *il pleuvra.*—Condit. prés., *il pleuvrait.*

SEOIR (être convenable), *seyant, il sied,* pluriel, *ils siéent.* — Imparf., *il séyait, ils séyaient.* — Fut. abs., *il siéra, ils siéront.*—Condit. prés. *il siérait, ils siéraient.*

REMARQUE. Dans tous ces verbes le pronom *il* n'est point le sujet réel, il n'en est que le sujet apparent. Ex. : Il *sied à un jeune homme de se taire;* c'est-à-dire, *se taire sied à un jeune homme.*— Ici *il* est le sujet apparent, *se taire* est le sujet réel.

CHAPITRE VI.

§ 49. *Du Participe.*

Le participe s'appelle ainsi parce qu'il tient de la nature du verbe et de celle de l'adjectif; il tient du verbe en ce qu'il marque un temps ; il tient de l'adjectif en ce qu'il qualifie quelquefois un substantif. Ex. : *Un bienfait* donné *vaut mieux qu'un bienfait* reçu.

REMARQUES. 1° Le participe présent se termine toujours par *ant,* comme *aimant, finissant,* etc.

2° Quoique tenant de l'adjectif, le participe présent n'est point, comme lui, susceptible de genre et de nombre. On dit également, un homme ou une femme *lisant,* des hommes ou des femmes *lisant.*

3° Le participe passé a diverses terminaisons, comme *aimé, averti, reçu,* etc.

Il est susceptible de genre et de nombre. **Ex. :** *un service* reçu, *des services* reçus ; — *une somme* donnée, *des sommes* données.

CHAPITRE VII.

§ 5o. *Des Prépositions.*

Les prépositions sont des mots invariables que l'on joint aux noms, aux pronoms, aux verbes, etc., pour marquer les rapports que ces noms, ces pronoms, ces verbes, etc., ont avec le reste de la phrase. Ex. : *je vais* à *la ville, je viens* de *la campagne.* Les mots *à, de*, sont des prépositions.

La préposition n'a d'elle-même qu'un sens incomplet; il faut qu'elle soit suivie d'un mot qui en *complète* la signification; ce mot s'appelle *complément* de la préposition. Ainsi, dans les deux exemples précédents, *la ville, la campagne*, sont le complément des prépositions *à* et *de*.

Liste des Prépositions et rapports qu'elles expriment.

Lieu et en général *situation* où l'on est, comme *en, dans, à, chez, par, sur*, etc.

Lieu d'où l'on vient, et en général *point de départ*, comme *de, dès, depuis, de chez, à partir de*, etc.

Lieu où l'on va, et en général *tendance*, comme *en, dans, à, vers, jusque, chez*, etc.

Lieu par où l'on passe, et en général *étendue*, comme *par, à travers, au travers de, au milieu de, par chez*, etc.

Temps où l'on est, comme *à, dans*, etc.

Union et situation, comme *avec, sur, au-dessus de, sous, au-dessous de, devant, vis-à-vis de, en face de, en présence de*, etc.

Temps d'où l'on compte, comme *de, depuis, dès, à partir de*, etc.

Séparation et *exception*, comme *sans, hors de, à l'insu de, loin de*, etc.

Distance, mesure, espace, comme *de, depuis, à partir de, à*, etc.

Idée d'origine ou *règle d'après laquelle une chose se fait*, comme *sur, concernant, touchant, selon, suivant, d'après*, etc.

Matière d'où une chose provient, comme *de, en*, etc.

Instrument dont on se sert pour faire une chose, comme *de, avec, par*, etc.

Cause d'où une chose dérive ou *pour laquelle elle se fait*, comme *de, par, à cause de, au lieu de, pour, eu égard à, vu*, etc.

Manière dont une chose se fait, comme *en, avec, par, sur*, etc.

Prix d'après lequel on estime une chose, comme *pour, à, auprès de, au prix de*, etc.

Temps où aboutit une action, comme *à, vers, en, pour, jusqu'à*, etc.

But vers lequel on tend, comme *envers, à l'égard de, pour, à cause de, par rapport à*, etc.

Rapports d'opposition, de proximité, avec idée de mouvement, comme *contre, avec,* — *proche, près de, auprès de, à côté de, aux environs de, vers, autour de, le long de, selon, suivant*, etc.

Rapports d'antériorité, d'intériorité et de postériorité, avec idée de mouvement, comme *avant, devant, au-devant de, entre, au-dedans de, parmi, après, depuis, derrière*, etc.

Rapports de supériorité et d'infériorité avec idée de mouvement, comme *sur, au-dessus de, sous, au-dessous de*, etc.

Rapports de citériorité et d'ultériorité avec idée de mouvement, comme *en deçà de, au-delà de, par delà, hors de, outre, excepté, hors, hormis*, etc.

Temps pendant lequel une chose dure, comme *pendant, durant, à travers*, etc.

Moyen par lequel on arrive à un but, comme *au moyen de, moyennant, par*, etc.

CHAPITRE VIII.

§ 51. *Des Adverbes.*

Les adverbes sont des mots invariables qui servent à modifier les verbes, les adjectifs, et même d'autres adverbes auxquels ils sont joints. Ex. : *agir* SAGEMENT, *d'une manière* FORT *prudente*, TRÈS *adroitement*.

Ils tirent leur nom de leur usage le plus ordinaire, celui de se placer auprès du verbe.

Il y a des adverbes

De manière ou *de qualité*, comme *agréablement, poliment*, etc.

De quantité, comme *assez, peu, beaucoup, plus, moins, davantage, très, trop, tant, si, autant, combien*, etc.

De *lieu*, comme *où, ici, là, y, en*, etc.
De *temps*, comme *aujourd'hui, hier, tôt, bientôt*, etc.
D'*affirmation*, comme *oui, même, certes, aussi*, etc.
De *négation*, comme *non, ne, ne... pas, ne... point*, etc.
D'*interrogation*, comme *est-ce que? pourquoi? où?* etc.

§ 52. *Formation des Adverbes de manière ou de qualité.*

La plupart des adverbes de manière ou de qualité se terminent en *ment*, et se forment des adjectifs qualificatifs.

Règle I. Quand l'adjectif est terminé au masculin par un *e* muet ou un *é* fermé, par *i* ou par *u*, on ajoute *ment* au masculin pour former l'adverbe. Ex.: *agréable*, agréablement; — *sensé*, sensément; — *poli*, poliment; *absolu*, absolument.

Exception. Les adjectifs *aveugle, commode, incommode, conforme, uniforme, énorme, opiniâtre, impuni*, changent la voyelle finale en un *é* fermé, auquel ils ajoutent *ment*, aveuglément,... impunément.

Règle II. Les adjectifs terminés au masculin par une consonne, et les adjectifs *beau, nouveau, fou, mou*, forment leurs adverbes de leur féminin, en y ajoutant *ment*. Ex. : *franc, franche*, franchement; — *nouveau, nouvelle*, nouvellement; — *fou, folle*, follement.

Exceptions. 1° Les adjectifs *commun, confus, diffus, exprès, importun, obscur, précis, profond*, forment leurs adverbes par le changement de la terminaison du féminin en *ément*. Ex. : *Commun, commune*, communément.

2° *Gentil, gentille*, fait *gentiment*.

Règle III. Les adjectifs terminés par *ant, ent*, forment leurs adverbes en changeant *nt* en *mment*. Ex.: *constant*, constamment; — *décent*, décemment.

Exception. *Lent, présent, véhément*, forment leurs adverbes d'après la règle 2ᵉ, *lent, lente*, lentement.

§ 53. *Degrés de signification dans les Adverbes.*

La plupart des adverbes de manière et de qualité, les adverbes de distance, *près, proche, loin*, les adverbes de temps, *matin, tôt, tard, souvent*, sont susceptibles des trois degrés de signification, et l'on suit à leur égard les mêmes règles que pour les adjectifs. (V. § 11.) Ex. :

Comportez-vous plus sagement *à l'avenir.* — *Je suis arrivé* plus tôt *que lui,* plus tard *que vous.*

Remarques. 1° Nous n'avons que deux adverbes qui, par eux seuls, expriment une comparaison : *mieux,* au lieu de *plus bien,* qui ne se dit pas, et *pis,* au lieu de *plus mal.* Ex. : *Un sou, quand il est assuré, vaut* mieux *que cinq en espérance.* — *Ils sont* pis *que jamais ensemble.*

2° Les adverbes *mieux, plus, moins,* précédés de l'article *le,* peuvent former à eux seuls des superlatifs. Ex. : *Ce que je sais le mieux, c'est mon commencement.* — *L'enfant que l'on aime le plus est souvent celui qui vous aime le moins.*

CHAPITRE IX.

§ 54. *Des Conjonctions.*

Les conjonctions sont des mots invariables qui servent à lier un membre de phrase à un autre membre de phrase. Ex. : Dieu aime *et* favorise les gens de bien ; — je crois *que* Dieu existe. Les mots *et*, *que*, sont des conjonctions.

Il y a des conjonctions

Copulatives, comme *et, ni, que,* etc.
Disjonctives, comme *ou, ou bien,* etc.
Augmentatives, comme *d'ailleurs, encore, aussi,* etc.
Conditionnelles, comme *si, soit que, à moins que,* etc.
Adversatives, comme *mais, quoique, lorsque,* etc.
De temps et d'ordre, comme *lorsque, quand, depuis que,* etc.
Causatives, comme *afin que, vu que, parce que,* etc.
Conclusives, comme *donc, ainsi,* etc.
Explicatives, comme *de manière que, ainsi que, comme,* etc.
Transitives, comme *or, au reste,* etc.

Remarque. Ce qui distingue *que,* conjonction, de *que* adjectif conjonctif, c'est qu'on ne peut le tourner par *lequel* ou *laquelle.* Ex. : *Je crois que Dieu existe ;* — *le Dieu que nous adorons est éternel.*

Dans le premier exemple on ne pourrait pas dire : *Je crois lequel Dieu existe ;* — tandis que, dans le second, on dit : *le Dieu, lequel Dieu nous adorons, est éternel.* (V. § 15.)

CHAPITRE X.

§ 55. *Des Interjections.*

Les interjections sont des mots invariables qui servent à exprimer les affections, les mouvements de l'âme.

Les principales interjections sont :
Pour la joie et le désir, *ah! bon! ho!*
Pour la douleur ou l'affliction, *ah! aie! ouf! ahi! hé! hélas!*
Pour la crainte, *ah! hé!*
Pour l'aversion, le mépris, le dégoût, *fi! fi donc!*
Pour la dérision, *oh! hé! zest!*
Pour l'admiration, la surprise, *oh! ah! ha!*
Pour l'exhortation, *çà! oh çà!*
Pour l'avis, *holà! hem! oh!*
Pour l'appel, *holà! hem! ha!*
Pour le silence, *chut! st!*

CHAPITRE XI.

§ 56. *Des noms composés.*

FORMATION DU PLURIEL DANS LES NOMS COMPOSÉS.

RÈGLE I. Quand un nom composé est formé de deux substantifs, qui ne sont séparés l'un de l'autre que par le trait d'union, les deux substantifs prennent la marque du pluriel. Ex. : *un chef-lieu, des chefs-lieux; — un chou-fleur, des choux-fleurs.*

RÈGLE II. Quand un nom composé est formé de deux substantifs séparés par une préposition, le premier substantif prend seul la marque du pluriel. Ex. : *un chef-d'œuvre, des chefs-d'œuvre; — un arc-en-ciel, des arcs-en-ciel.*

RÈGLE III. Quand un nom composé est formé d'un substantif et d'un adjectif, le substantif et l'adjectif prennent tous deux la marque du pluriel. Ex. : *une basse-cour, des basses-cours;—un plain-chant, des plains-chants.*

RÈGLE IV. Quand un nom composé est formé d'un substantif et d'un verbe, ou d'une préposition, ou d'un adverbe, le substantif prend seul la marque du pluriel. Ex. : *un passe-parole, des passe-paroles; —*

un avant-coureur, des avant-coureurs ;—un arrière-neveu, des arrière-neveux.

REMARQUES. 1° Si le substantif qui entre dans le nom composé porte avec lui l'idée d'unité, ce substantif se met toujours au singulier. Ex. : *Un serre-tête, des serre-tête ; — un prie-Dieu ; des prie-Dieu.*

2° Si le substantif qui entre dans le nom composé porte avec lui une idée de pluralité, ce substantif s'écrit toujours au pluriel. Ex. : *Un ou des cure-dents. — Un ou des essuie-mains. — Un ou des porte-mouchettes. — Un ou des tire-bottes,* etc

RÈGLE V. Quand un nom composé n'est formé que de mots tels que *le verbe, la préposition* ou *l'adverbe,* aucune des parties composantes ne prend la marque du pluriel. Ex. : *un ou des passe-partout ; — un ou des ouï-dire ;—un ou des pour-boire,* etc.

SECONDE PARTIE.

SYNTAXE.

La première partie de la Grammaire n'a traité que des mots considérés isolément.

La seconde partie s'occupe des mots considérés dans leur rapport les uns avec les autres, et s'appelle SYNTAXE, d'un mot grec qui signifie *réunion, arrangement.*

Nous parlerons d'abord de la réunion de mots qu'on appelle *proposition.*

§ 57. *De la Proposition.*

Toute réunion de mots qui énoncent un jugement est une proposition. Ex : *Le soleil est brillant ;* par cette réunion de mots, on *juge* que la qualité de *brillant* convient au *soleil.*

Il y a dans toute proposition trois parties essentielles, le *sujet,* le *verbe* et l'*attribut.* (V. § 19.)

Il y a trois sortes de propositions : la *proposition principale,* la *proposition incidente,* et la *proposition subordonnée.*

I. *De la Proposition principale.*

La proposition *principale* est celle qui, dans la pensée, occupe le premier rang. Ex. :

L'or est souvent la cause de nos malheurs ; cependant on le recherche toujours avec avidité.

L'or est souvent la cause de nos malheurs , est une proposition principale, parce que c'est en elle que se trouve le sens principal de la phrase. Le reste n'est que secondaire.

II. *De la Proposition incidente.*

On appelle proposition *incidente* toute proposition qui est liée, par l'adjectif conjonctif, au sujet ou à l'attribut d'une autre proposition. Ex. :

Rome, *qui a été sous les Romains la capitale du monde politique,* est maintenant la capitale du monde chrétien.

L'instruction est un trésor *que la fortune ne peut enlever.*

Qui a été sous les Romains la capitale du monde politique , est une proposition incidente liée au sujet ; *que la fortune ne peut enlever ,* est une proposition incidente liée à l'attribut.

Remarque. Il faut ranger parmi les propositions incidentes, toutes les propositions liées à une autre par l'adverbe *où,* adverbe qui peut se résoudre par un adjectif conjonctif suivi d'un nom. Ex. :

Le moment *où* je parle est déjà loin de moi (Boileau); c'est-à-dire, le moment, dans *lequel moment* je parle est déjà loin de moi.

III. *De la Proposition subordonnée.*

On appelle proposition *subordonnée* toute proposition qui est liée à une autre proposition par une conjonction autre que *et, ni, ou, mais;* elle diffère de la proposition incidente, en ce qu'elle se rapporte, non pas isolément comme celle-ci, au sujet ou à l'attribut, mais à la proposition entière. Ex. :

L'homme serait heureux, *s'il pratiquait la vertu.*

S'il pratiquait la vertu , est une proposition subordonnée qui ne se rapporte ni au sujet *l'homme,* ni à l'attribut *heureux,* mais à la proposition entière *l'homme serait heureux.*

La proposition *subordonnée* s'appelle ainsi, parce qu'elle est *sous la dépendance* d'une autre proposition, sans laquelle elle n'aurait qu'un sens vague ou nul.

Toute proposition, soit principale, soit incidente, soit subordonnée, est toujours à un mode personnel.

§ 58. *Division de la Syntaxe.*

Les propositions sont soumises, soit dans leur ensemble, soit dans leurs parties, à certaines lois qui fixent l'emploi des mots, le choix des formes sous lesquelles ils doivent paraître dans le discours, et la place qu'ils y doivent occuper. C'est la syntaxe qui fait connaître ces lois.

La syntaxe se partage en deux sections, la syntaxe proprement dite, et la syntaxe des idiotismes.

1. Toutes les lois de la syntaxe proprement dite se réduisent à deux.

Les mots peuvent *s'accorder* en genre, en nombre et en personne; c'est la syntaxe *d'accord* ou de *concordance*. Ex. : *bon* père, *bonne* mère, *bon* fils; — *je* lis, *tu* lis, *il* lit, *nous* lisons, etc.

Un mot peut exiger, pour le mot qui en *complète* le sens, telle ou telle préposition, tel ou tel mode; c'est la syntaxe de *complément*. Ex. : L'amour *de la vertu;* — fidèle *à l'honneur;* — l'homme de bien est heureux, *quand même il serait* pauvre. Dans ces exemples, *de la vertu* complète le sens de *amour;* — *à l'honneur* complète le sens de *fidèle;* — *il serait* complète le sens de *quand même.*

Les verbes actifs, les verbes pronominaux, sont susceptibles de deux espèces de complément, le *complément direct* et le *complément indirect.*

Le complément *direct* est l'objet auquel passe *directement*, sans l'intermédiaire d'aucune préposition, l'action marquée par le verbe. Ex. : j'aime *mon père;* — *mon père* est l'objet auquel passe directement l'action marquée par *j'aime.*

Le complément *indirect* est l'objet auquel se rapporte *indirectement*, et par l'intermédiaire d'une préposition, l'action marquée par le verbe. Ex. : nous devons nos hommages *à la vertu;* — *à la vertu* est l'objet auquel se rapporte indirectement, au moyen de la préposition *à*, l'action marquée par *nous devons nos hommages.*

3.

Les verbes passifs, les verbes neutres et les verbes unipersonnels ne sont susceptibles que du complément indirect. Ex. : je suis aimé *de mon père* ; — *de mon père* est l'objet auquel se rapporte indirectement, au moyen de la préposition *de*, l'action marquée par *je suis aimé*.

REMARQUES. 1° On reconnaît le complément direct, en faisant la question *qui ?* pour les personnes, et la question *quoi ?* pour les choses. Ex. : *J'aime mon père*, j'aime *qui ?* mon père. — *J'aime l'étude*, j'aime *quoi ?* l'étude.

2° On reconnaît le complément indirect en faisant les questions *à qui ? de qui ? pour qui ? par qui ?* etc., pour les personnes, et les questions *à quoi ? de quoi ? pour quoi ? par quoi ?* etc., pour les choses. Ex. : *Je suis aimé de mon père*, je suis aimé *de qui ?* de mon père. — *Nous devons nos hommages à la vertu*, nous devons nos hommages *à quoi ?* à la vertu.

Les substantifs, les adjectifs, les adverbes, etc., ne sont également susceptibles que du complément indirect.

Le complément des conjonctions est d'une nature particulière. Il s'exerce sur les modes des verbes.

II. La syntaxe des *idiotismes* comprend les faits de la langue française qui n'ont pas un rapport immédiat avec la syntaxe de concordance ou de complément, ou ce qui s'en écarte plus ou moins.

PREMIÈRE SECTION.

SYNTAXE PROPREMENT DITE.

SYNTAXE DE CONCORDANCE.

CHAPITRE PREMIER.

§ 59. *Accord de deux substantifs.*

RÈGLE. Quand deux substantifs sont employés de suite pour désigner une seule et même personne, une seule et même chose, ils se mettent ordinairement au même nombre ; mais ils peuvent différer par le genre. Ex. :

Henri IV, roi des Français, fut le père de ses sujets.

Sully, ornement et lumière de l'État, était chéri de Henri IV.

CHAPITRE II.

§ 60. *Accord de l'Article avec le Substantif.*

RÈGLE I. L'article s'accorde en genre et en nombre avec le substantif auquel il est joint. Ex. :

Le mérite est tôt ou tard reconnu.—*La vertu* est aimable, — *Les frères*, *les sœurs*, doivent s'aimer.

REMARQUE. Plusieurs adjectifs, tels que *ce*, *cet*, *mon*, *ton*, *son*, *un*, *une*, *aucun*, *nul*, *chaque*, *tout* (mis pour *chaque*), *quelque*, *certains*, *plusieurs*, et les adjectifs numéraux cardinaux remplissent la fonction de l'article et en sont les équivalens.

RÈGLE II. Lorsque plusieurs substantifs communs sont employés à la suite l'un de l'autre, on répète l'article ou les équivalens de l'article devant chacun d'eux, en observant, autant de fois qu'il y a de substantifs, la règle de concordance. Ex. :

La gloire, *les* richesses, *le* génie, *les* honneurs, ne sont rien auprès de Dieu.

On dira de même *mon* père et *ma* mère, et non pas *mes* père et mère,—*ses* frères et *ses* sœurs, et non pas *ses* frères et sœurs.

RÈGLE III. Lorsque deux adjectifs sont unis par la conjonction *et*, pour qualifier un même substantif, l'article ou les équivalens de l'article ne se répètent pas, à moins qu'il ne faille sous-entendre ce substantif pour l'un des adjectifs. Ex. :

Le sage et pieux *Fénelon* a mérité l'estime générale.

*L'*histoire ancienne et *la* moderne sont également importantes à connaître.

Dans ce dernier exemple il faut sous-entendre une fois le substantif *histoire;* c'est comme s'il y avait *l'histoire ancienne et l'histoire moderne.*

On dira de même *le* premier et *le* second étage, et non pas *le* premier et second étage.

RÈGLE IV. L'article, dans le superlatif relatif, s'accorde avec le substantif en genre et en nombre; mais il reste invariable dans le superlatif absolu. Ex. :

Voilà *la* personne *la* plus instruite de cette assemblée.

C'est sur le dos que les sangliers ont *la* peau *le* plus dure.

Dans ce second exemple, l'article ne prend pas l'accord, parce qu'il forme avec *plus* une locution adverbiale. (*V.* § 55.)

CHAPITRE III.

§ 61. *Accord de l'Adjectif avec le Substantif.*

RÈGLE. I. Tout adjectif s'accorde en genre et en nombre avec le substantif auquel il se rapporte. Ex. :

On aime *l'homme généreux, les personnes vertueuses.*

Cette règle s'applique au participe passé employé comme adjectif. Ex. : Un bienfait *reçu,* des bienfaits *reçus.*

EXCEPTIONS. 1° Les adjectifs *demi, nu, excepté, supposé,* restent invariables lorsqu'ils précèdent le substantif ; mais s'ils le suivent, ils s'accordent avec lui en genre et en nombre. Ainsi l'on dira, sans accord : une *demi*-heure. — *nu*-pieds, etc., et avec l'accord : deux heures et *demie,* — pieds *nus.*

2° L'adjectif *feu* reste invariable lorsqu'il n'est pas immédiatement suivi d'un substantif ; dans le cas contraire, il s'accorde avec lui en genre et en nombre. Ex. : *Feu* la reine. —la *feue* reine

RÈGLE II. Quand un adjectif se rapporte à plusieurs substantifs du nombre singulier et du même genre, cet adjectif se met au pluriel. Ex. :

Le *père* et le *fils,* également *laborieux.*

La *mère* et *la fille,* également *vertueuses.*

RÈGLE III. Quand un adjectif se rapporte à plusieurs substantifs de genres différens, cet adjectif se met au pluriel masculin. Ex. :

Le *père* et la *mère chéris* de leurs enfans.

RÈGLE IV. Lorsqu'un adjectif est placé après deux substantifs d'une signification à peu près semblable, et que ces deux substantifs ne sont point unis par la conjonction *et,* l'adjectif ne s'accorde qu'avec le dernier. Ex. :

Socrate a montré, à l'heure de la mort, un calme, *une modération étonnante.*

RÈGLE V. L'adjectif s'accorde, en genre et en nombre, avec le nom collectif, et non pas avec le mot qui suit le collectif. Ex. :

L'armée des ennemis, *nombreuse et vaillante,* a été défaite.

RÈGLE. VI. L'adjectif, au contraire, s'accorde avec le mot qui suit le nom partitif, et non pas avec le partitif lui-même. Ex. :

Une multitude *de peuple*, *éperdu et consterné*, implora en vain la clémence du vainqueur.

§ 62. *Remarques sur la place et l'emploi des Adjectifs.*

1° Il y a un assez grand nombre d'adjectifs qui se placent avant ou après le substantif, selon l'idée que l'on veut exprimer. Ainsi l'on dira :

C'est un *honnête* homme, si l'on veut parler d'un homme probe, — c'est un homme *honnête*, si l'on veut parler d'un homme poli.

Un *grand* homme est un homme d'un grand mérite ; — un homme *grand* est un homme d'une grande taille.

On sentira également la différence qu'il y a entre un *brave* homme et un homme *brave* ; — un *pauvre* homme et un homme *pauvre*, etc., etc.

2° Les adjectifs possessifs *le mien*, *le nôtre*, *le tien*, *le vôtre*, *le sien*, *le leur*, ne peuvent jamais se rapporter à un substantif commun employé sans article ou sans l'un des équivalens de l'article. Ainsi l'on ne dira pas :

Vous êtes d'*humeur* triste, *la sienne* est moins austère. — Il faut dire : Vous êtes d'*une* humeur triste, ou *votre humeur* est triste, *la sienne* est moins austère.

CHAPITRE IV.

§ 63. *Accord du Verbe avec son Sujet.*

RÈGLE I. Le verbe s'accorde en nombre et en personne avec son sujet, substantif ou pronom. Ex. :

Je suis homme; *tout homme est* un ami pour moi. (RAC. fils.)

RÈGLE II. Quand un verbe se rapporte à plusieurs sujets, il se met au pluriel. Ex. :

La chasse et l'exercice entretiennent la santé du corps.

RÈGLE III. Quand un verbe se rapporte à plusieurs sujets de personnes différentes, le verbe se met au pluriel, et à la personne qui a la priorité sur les autres (la première a la priorité sur la seconde, la seconde a la priorité sur la troisième.) Ex. :

Votre père et moi, nous avons été long-temps ennemis l'un de l'autre. (FÉNELON.)

Vous et les miens, *avez* mérité pis. (LA FONT.)

Règle IV. Quand un verbe se rapporte à plusieurs sujets d'une signification à peu près semblable, et que ces sujets ne sont point unis par la conjonction *et*, il s'accorde en nombre et en personne avec le dernier. (*V.* § 61, règle 4.) Ex. :

La douceur, *la bonté* du grand Henri *a été célébrée* de mille louanges. (Pélisson.)

Règle V. Quand un verbe se rapporte à plusieurs sujets joints ensemble par la conjonction *ni*, le verbe se met ordinairement au pluriel; mais il se met au singulier si un seul des sujets peut faire l'action exprimée par le verbe. Ex. :

Le soleil ni la mort ne *peuvent* se regarder fixement. (La Rochefoucauld.)

Ni mon parent ni mon ami n'*obtiendra* l'ambassade d'Espagne.

Règle VII. Le verbe s'accorde en nombre et en personne avec le nom collectif, et non pas avec le mot qui suit le collectif. Ex. :

Le commun des hommes *agit* presque toujours sans réfléchir.

Règle VIII. Le verbe, au contraire, s'accorde en nombre et en personne avec le mot qui suit le nom partitif, et non pas avec le partitif lui-même. Ex. :

La plupart *des hommes se souviennent* mieux des services *qu'ils rendent* que de ceux *qu'ils reçoivent.* (Scudéri.)

Remarque. *La plupart,* employé absolument, veut au pluriel le verbe dont il est le sujet. Ex. : *La plupart désirent la vieillesse et s'en plaignent lorsqu'ils y sont parvenus.*

§ 64. *Remarques sur la place et l'emploi du Sujet.*

1° Le sujet, substantif ou pronom, se place après le verbe, lorsqu'on rapporte les paroles de quelqu'un. Ex. :

Je ne me croirai jamais heureux, disait *un bon roi,* qu'autant que je ferai le bonheur de mon peuple.

2° Le sujet, pronom, se place ordinairement après le verbe, lorsque le verbe est précédé de *aussi, encore, peut-être, à peine,* etc. Ex. :

Vous me flattez, aussi ne vous *crois-je* pas.

A peine fut-il arrivé, qu'il tomba malade.

3° Le sujet se place après le verbe, quand le sujet est suivi de plusieurs mots qui en dépendent, et que le verbe n'est suivi d'aucun complément. Ex. :

On voyait une rivière où se formaient des *îles* bordées de tilleuls fleuris et de hauts peupliers. (FÉNELON.)

On ne dirait pas : on voyait une rivière où *des îles* bordées de tilleuls fleuris et de hauts peupliers *se formaient*.

4° Lorsque le sujet du verbe a été énoncé précédemment, il ne faut pas rappeler ce sujet par le pronom *il*. Ainsi l'on ne dira pas :

Alexandre, sur le point de mourir au milieu de tous ses capitaines, ayant appelé Perdiccas, *il* lui *mit* son anneau au doigt ; il faut dire : *Alexandre*... lui *mit* son anneau au doigt.

5° Il faut éviter toute équivoque dans l'emploi du pronom employé comme sujet. Ex. :

Molière a surpassé *Plaute* dans tout ce qu'*il* a de meilleur.

Il peut se rapporter à *Molière* ou à *Plaute*. Il y a donc équivoque. Il faut dire : *Molière* a surpassé *Plaute* dans tout ce que *celui-ci* a de meilleur.

6° Les pronoms *il, elle*, employés comme sujets, ne peuvent jamais se rapporter à un nom commun employé sans l'article, ou sans l'un des équivalens de l'article. On ne dira donc pas :

On fit *trêve ; elle* ne dura pas long-temps.

Il faut dire : on fit *une* trêve ; *elle* ne dura pas long-temps. (*V*. § 62, REMARQUE 2°.)

CHAPITRE V.

§ 65. *Accord de l'Attribut avec le Sujet.*

RÈGLE I. Si l'adjectif est l'attribut d'une proposition, il s'accorde en genre et en nombre avec le sujet. Ex. :

Dieu est saint.—Tous *les hommes* sont *égaux* devant Dieu.

RÈGLE II. Le participe passé d'un verbe passif, ou d'un verbe neutre conjugué avec l'auxiliaire *être*, s'accorde en genre et en nombre avec le sujet de la proposition. Ex. :

Le *conquérant* est *craint* ; le *sage* est *estimé* ;
Mais le bienfaisant charme, et *lui seul* est *aimé*.

RÈGLE III. Lorsque *vous*, mis pour *tu*, est employé comme sujet, l'adjectif ou le participe passé, qui sert d'attribut à la proposition, s'accorde en genre et en nombre avec *tu*. Ex. :

Vous êtes *estimée* de tout le monde, dira-t-on en parlant à une femme.

CHAPITRE VI.

§ 66. *Accord de l'Adjectif conjonctif avec son antécédent.*

RÈGLE I. L'adjectif conjonctif s'accorde en genre, en nombre et en personne avec son antécédent, et communique le nombre et la personne de cet antécédent au verbe de la proposition incidente. Ex. :

L'homme qui vit content de ce qu'il possède est heureux : c'est-à-dire *l'homme, lequel homme vit* content, etc.

Ainsi l'on ne dira pas avec Molière : Ce n'est pas *moi qui se ferait prier;* — il faut : Ce n'est pas *moi qui me ferais* prier : *qui* équivaut à *lequel moi.*

RÈGLE II. L'adjectif conjonctif doit toujours être placé auprès de son antécédent, toutes les fois que le mot par lequel il en serait séparé pourrait donner lieu à quelque équivoque. Ainsi l'on ne dira pas :

J'ai demandé une *faveur* à votre amitié *qui* me sera chère : mais, j'ai demandé à votre *amitié* une *faveur qui* me sera chère.

REMARQUE. Les adjectifs conjonctifs *qui, lequel,* considérés comme sujets, ne peuvent jamais se rapporter à un nom commun, employé sans article ou sans l'un des équivalens de l'article. Ainsi l'on ne dira pas :

L'homme est *animal qui raisonne.* — Il faut dire : L'homme est *un animal qui* raisonne. (*V.* § 62, REM. 2°.)

CHAPITRE VII.

§ 67. *Des Ellipses relatives à la syntaxe de concordance.*

RÈGLE I. Lorsqu'un substantif a été exprimé dans une proposition, il faut, si on veut le sous-entendre dans une autre proposition, le remplacer par le pronom *le*, *la*, *les*, que l'on fait accorder en genre et en nombre avec le substantif exprimé. Ex. :

Êtes-vous *l'ami* de mon père ?—Je *le* suis ; c'est-à-dire, je suis *l'ami* de votre père.

Êtes-vous *la mère* de cet enfant?— Je *la* suis ; c'est-à-dire, je suis *la mère* de cet enfant.

Êtes-vous *les héritiers* du défunt ? — Nous *les* sommes ; c'est-à-dire, nous sommes *les héritiers* du défunt.

Êtes-vous *les maîtresses* du logis ?— Nous *les* sommes ; c'est-à-dire, nous sommes *les maîtresses* du logis.

Règle II. Lorsqu'un adjectif ou un substantif pris adjectivement, a été exprimé dans une proposition, il faut, si on veut les sous-entendre dans une autre proposition, les remplacer par le pronom *le* qui reste invariable. Ex. :

Êtes-vous *mariée?*— Je *le* suis ; c'est-à-dire, je suis *mariée.*

Êtes-vous *malade?*— Je *le* suis ; c'est-à-dire, je suis *malade.*

Êtes-vous *mère?*—Je *le* suis ; c'est-à-dire, je suis *mère.*

Êtes-vous *héritiers* du défunt ?— Nous le sommes ; c'est-à-dire, nous sommes *héritiers* du défunt.

Êtes-vous *maîtresses* du logis ?— Nous le sommes ; c'est-à-dire, nous sommes *maîtresses* du logis.

On voit que, dans tous ces exemples, le pronom *le* tient lieu d'un adjectif ou d'un substantif pris adjectivement, tandis que dans les exemples de la règle précédente, *le, la, les*, tiennent lieu d'un substantif.

CHAPITRE VIII.

SYNTAXE DE COMPLÉMENT.

§ 68. *Complément des Substantifs.*

Règle I. Lorsque deux substantifs employés de suite ne désignent pas une seule et même personne, une seule et même chose, on place, entre le premier substantif et celui qui lui sert de complément, la préposition *de*, suivie de l'article ou de l'un des équivalens de l'article. Ex. :

L'amitié *d'un* homme vertueux est un bienfait *du* (de le) ciel.

Cette règle a lieu pour le complément des noms collectifs. Ex. :

L'immensité du (de le) ciel nous étonne et nous confond.

RÈGLE II. Lorsqu'un substantif est le complément d'un nom partitif, on place, entre ce nom partitif et le substantif complémentaire, la préposition *de* sans l'article. Ex. :

Une infinité de jeunes gens se perdent par la lecture des mauvais livres.

EXCEPTION. *La plupart,* nom partitif, est toujours suivi de la préposition *de* jointe à l'article. Ex. : la plupart *des* (de les) hommes vivent sans réfléchir.

§ 69. *Des Adjectifs conjonctifs, considérés comme complément des Substantifs.*

RÈGLE I. Quand l'adjectif conjonctif est après le nom substantif auquel il sert de complément, on emploie ordinairement les adjectifs *de qui, duquel, de laquelle, desquels, desquelles.* Ex. :

La Seine, *dans le lit de laquelle* se jettent l'Yonne, la Marne et l'Oise, a son embouchure au Havre.

RÈGLE II. Quand l'adjectif conjonctif est avant le nom substantif auquel il sert de complément, on emploie ordinairement *dont* pour *de qui, duquel, de laquelle, desquels, desquelles.* Ex. :

Il est un Dieu dans les cieux
Dont le bras soutient l'innocence. (J.-B. ROUSSEAU.)

REMARQUE. *Dont* ne peut jamais se rapporter à un antécédent employé sans article ou sans l'un des équivalens de l'article. Ainsi on ne dira pas :

Il m'a rendu *service dont* je lui saurai toujours gré,—mais il m'a rendu *un service dont* je, etc. (*V.* § 62, REM. 2°.)

§ 70. *Des Pronoms personnels, considérés comme complément des Substantifs.*

RÈGLE. Au lieu des pronoms *de lui, d'elle, d'eux, d'elles,* on emploie le pronom *en* que l'on place avant le substantif, auquel il sert de complément. Ex. :

Néron, bourreau de Rome, *en* était *l'histrion* (DELILLE) ;
c'est-à-dire, était l'histrion *d'elle.*

CHAPITRE IX.

§ 71. *Ellipses relatives à la syntaxe de complément des Substantifs.*

RÈGLE I. Lorsque le sujet d'une proposition est pris
dans un sens *partitif*, au lieu de mettre simplement
l'article devant le sujet, on y joint la préposition *de,*
parce qu'il est le complément d'un substantif sous-
entendu, tel que *partie, portion,* etc. Ex. :

Des hommes ont péri dans la sédition ; c'est-à-dire, *une
partie, une portion des* (de les) hommes ont péri, etc.

RÈGLE II. Lorsqu'un verbe unipersonnel ou employé
unipersonnellement est suivi d'un infinitif précédé de
la préposition *de,* cet infinitif n'est point le complément du verbe unipersonnel ; il est celui d'un substantif sous-entendu, tel que *action, chose,* etc. Ex. :

Il est doux *d'observer* les lois de l'amitié ; c'est-à-dire, l'*ac-
iont d'*observer les lois de l'amitié est douce, cela (il) est doux.

RÈGLE III. Souvent avec le verbe *être* employé
unipersonnellement, le substantif, dont un autre est
le complément, ne s'exprime pas. Cette ellipse a lieu
surtout pour les mots *devoir, indice, le propre,* etc.
Ex. :

Il est *d'un roi* de défendre ses sujets ; c'est-à-dire, l'action
de défendre ses sujets est *le devoir* d'un roi.

Il est *d'un méchant cœur* de mal parler des autres ; c'est-
à-dire, l'action de mal parler des autres est *l'indice* d'un méchant cœur.

S'étonner est *du peuple,* admirer est *du sage* (DELILLE) ;
c'est-à-dire, s'étonner est *le propre* du peuple, admirer est
le propre du sage.

CHAPITRE X.

§ 72. *Complément des Adjectifs.*

RÈGLE I. Les adjectifs qui marquent en général *la séparation, l'absence, l'abondance, la disette,* etc., tels que *exempt, absent, plein, vide,* etc., veulent la préposition *de* avant leur complément, substantif ou verbe. Ex. :

Un menteur est toujours *prodigue de* sermens. (CORNEILLE).

Nul citoyen n'est *exempt de* rendre des services à la patrie.

RÈGLE II. Les adjectifs qui marquent en général *le but, la tendance, le sentiment, la ressemblance, la conformité, l'aptitude,* etc., tels que, *accessible, cher, agréable, semblable, conforme, enclin, porté, prêt,* etc., veulent la préposition *à* avant leur complément, substantif ou verbe. Ex. :

Un roi doit être *accessible à* tous ses sujets.

L'honnête homme est toujours *porté à* bien penser des autres.

REMARQUE. Lorsque les adjectifs *doux, agréable, pénible, horrible, beau, facile, utile,* etc., sont suivis d'un infinitif complémentaire, cet infinitif a un sens passif. Ex. : Les fables de La Fontaine sont *faciles à apprendre;* c'est-à-dire : faciles *à être apprises.*

RÈGLE III. Quand un même substantif doit servir de complément à deux adjectifs qui veulent une préposition différente, il faut exprimer le substantif complémentaire pour le premier adjectif, et se servir pour le second du pronom *en* ou *y.* Ainsi l'on ne dira pas :

Cet homme est *utile et chéri de* sa famille ;

Parce que *utile* veut *à,* et que *chéri* veut *de*—Il faut dire : cet homme est *utile à* sa famille et *en* est chéri.

§ 73. *Des Adjectifs conjonctifs considérés comme complément d'un Adjectif.*

RÈGLE I. Quand l'adjectif conjonctif est le complément d'un autre adjectif qui veut la préposition *de,* on emploie ordinairement *dont,* pour *de qui, duquel, de laquelle, desquels, desquelles.* Ex. :

On est toujours méprisé de *ceux dont* on est *complice.*

Règle II. Quand l'adjectif conjonctif est le complément d'un autre adjectif qui veut la préposition *à*, on se sert de *à qui, auquel, à laquelle, auxquels, auxquelles*. Ex. :

Nous devons aimer *ceux à qui* nous sommes *chers*.

L'orgueil est un *défaut auquel* les ignorans sont *sujets*.

Règle III. Quand l'adjectif conjonctif doit servir de complément à plusieurs autres adjectifs qui veulent des prépositions différentes, il faut le répéter autant de fois qu'il y a d'adjectifs, en observant à son égard les règles du § 72. Ex. :

La colère *dont* Alexandre n'était pas *maître*, et *à laquelle* il était *fort enclin*, l'a rendu le meurtrier de ses amis.

§ 74. *Des Pronoms personnels considérés comme complément d'un Adjectif.*

Règle. Les pronoms personnels, quand ils sont complément d'un adjectif, prennent simplement avant eux la préposition voulue par l'adjectif. Ex. :

La vertu est la vraie noblesse; c'est d'*elle* seule que l'on doit être *fier*.

Remarques. 1° Au lieu de, *de lui, d'elle, d'eux, d'elles*, on peut employer le pronom *en*, soit qu'il s'agisse de personnes ou de choses. Ex. : C'est un bon *élève*, on *en* est content. — Les guerriers aiment à montrer leurs cicatrices ; ils *en* sont *fiers*.

2° Au lieu de. *à moi, à nous, à toi, à vous*, on peut employer *me, nous, te, vous* : au lieu de, *à lui, à elle, à eux, à elles*, on peut employer *lui, leur*, s'il s'agit de personnes, et *y* s'il s'agit de choses. Ex. :

Nous aimons ceux qui *nous* sont utiles. (Nicolle.)

Je *lui* serai toujours *attaché*. — L'envie règne partout, la vertu même *y* est *exposée*.

CHAPITRE XI.

COMPLÉMENT DES VERBES ACTIFS.

§ 75. *Complément direct des Verbes actifs.*

Règle I. Tout verbe actif ou employé activement

ne veut, avant son complément direct, aucune préposition. Ex. :

L'homme élève *un front noble* et regarde *les cieux.* (Rac.fils.)
L'armée a passé *le fleuve.*

Règle II. Quand un substantif commun, employé comme complément direct d'un verbe actif, n'est pris que dans un sens vague et général, sans aucune application particulière, ce substantif complémentaire ne veut avant lui ni préposition ni article. Ex. :

Si vous étudiez, vous ferez *plaisir* à vos parens.

Remarque. On dira de même, donner *prise,* avoir *pitié,* faire *pitié,* rendre *service,* chercher *fortune,* perdre *courage,* prendre *patience,* entendre *raillerie,* etc.

Règle III. Quand le substantif complémentaire est employé dans un sens *partitif,* il prend avant lui la préposition et l'article. Ex. :

Donnez-moi *du vin;* c'est-à-dire, une *partie du* (de le) vin.

Exception. Si le substantif partitif complémentaire est précédé d'un adjectif, on supprime l'article. Ex. :

Alexandre a commandé *de vaillantes armées.*

Règle IV. Quand un substantif commun est complément direct d'un verbe actif accompagné d'une négation, ce substantif complémentaire prend la préposition sans l'article, à moins qu'il ne soit suivi d'un adjectif. Ex. :

Je *ne* vous ferai *point de reproches.*

Je *ne* vous ferai *point des* (de les) *reproches frivoles.* (Rac.

§ 76. *Complément indirect des Verbes actifs.*

Règle I. Les verbes actifs qui marquent en général la fin, le but, la tendance, la ressemblance, la conformité, l'aptitude, tels que *attribuer, donner, former, conformer, exciter, devoir, promettre, accorder,* etc., veulent la préposition *à* avant leur complément indirect. Ex. :

On doit *former* avec soin les enfans *à la vertu.*

Règle II. Les verbes actifs qui marquent en général la séparation, l'absence, l'abondance, la disette, etc., tels que *séparer, délivrer, remplir, combler, priver, dépouiller*, etc., veulent la préposition *de* avant leur complément indirect. Ex. :

Dieu *a comblé* les hommes *de bienfaits*.

CHAPITRE XII.

§ 77. *Complément des Verbes passifs.*

RÈGLE I. Les verbes passifs veulent en général la préposition *de* avant leur complément, lorsque l'action marquée par ces verbes exprime un sentiment, une passion, une opération de l'âme. Ex. :

Un jeune homme ignorant et orgueilleux *est méprisé de* tous ceux qui le connaissent.

RÈGLE II. Les verbes passifs veulent en général la préposition *par* avant leur complément, lorsque l'action marquée par ces verbes se rapporte seulement à l'esprit ou au corps. Ex. :

La poudre à canon *fut inventée par* Berthold Shwartz, vers la fin du XIIIe siècle.

CHAPITRE XIII.

§ 78. *Complément des Verbes neutres.*

RÈGLE I. Les verbes neutres qui marquent en général la fin, le but, la tendance, la ressemblance, la conformité, l'aptitude, la destination, etc., tels que *aboutir, aspirer, parvenir, ressembler, concourir, consentir, convenir, plaire, résister*, etc., veulent la préposition *à* avant leur complément. Ex. :

Ce chemin *aboutit à* la ville.

RÈGLE II. Les verbes neutres qui marquent en général l'origine, le point de départ, la séparation, l'absence, l'abondance, la disette, etc., tels que *provenir, naître, découler, émaner, regorger, fourmiller, manquer, déchoir*, etc., veulent la préposition *de* avant leur complément. Ex. :

Tout *provient de* la bonté de Dieu.

CHAPITRE XIV.

DU VERBE CONSIDÉRÉ COMME COMPLÉMENT DIRECT OU INDIRECT D'UN AUTRE VERBE.

§ 79. *Verbe complément direct d'un autre Verbe.*

RÈGLE I. Quand les verbes *aimer mieux, compter, croire, daigner, devoir, entendre, faire, valoir, pouvoir, s'imaginer, prétendre, savoir, valoir mieux, vouloir,* ont pour complément direct un autre verbe, le second se met à l'infinitif sans préposition.

La religion seule *fait supporter* les grandes infortunes.

REMARQUE. Lorsque les verbes *aller, venir,* sont suivis d'un infinitif, cet infinitif n'est pas le complément de *aller, venir,* mais celui de la préposition *pour* sous-entendue. Ex. :

Je *vais jouer ;* c'est-à-dire, je vais *pour* jouer.

RÈGLE II. A l'exception des verbes énumérés ci-dessus, tous les verbes veulent, avant l'infinitif qui leur sert de complément direct, la préposition *à* ou la préposition *de.* Ex. :

On chérit l'enfant qui aime *à étudier.*—*A étudier,* est un complément direct, puisqu'il répond à la question *quoi ?* (*V.* § 58.) D'ailleurs, c'est comme s'il y avait, qui aime *l'étude.*

§ 80. *Verbe complément indirect d'un autre Verbe.*

RÈGLE I. Les verbes qui veulent la préposition *à* avant le nom substantif employé comme complément indirect, veulent la même préposition avant l'infinitif employé aussi comme complément indirect. Ex. :

On ne saurait trop exhorter la jeunesse *à bien employer* le temps. (*V.* § 76.)

RÈGLE II. Les verbes qui veulent la préposition *de* avant le nom substantif, complément indirect, veulent la même préposition avant l'infinitif qui leur sert de complément indirect. Ex. :

En travaillant, on ne doit jamais désespérer *de faire* des progrès. (*V.* § 78.)

CHAPITRE XV.

§ 81. *Observations générales sur le complément des Verbes.*

RÈGLE I. Un même substantif ou un même verbe peut servir de complément à deux verbes, si ces deux verbes demandent le même complément. Ex. :

Il a su *conserver* et *affermir* l'État. En effet, on dit, *conserver un État, affermir un État.* (*V*. § 75.)

RÈGLE II. Si les deux verbes ne veulent pas le même complément, on met d'abord le complément commun devant le premier verbe, et l'on se sert d'un pronom pour le complément du second. Ainsi l'on ne dira pas :

Le souverain créateur *préside* et *règle le mouvement* des astres. Il faut dire : le souverain créateur *préside au mouvement* des astres, et *le règle.*—En effet, on dit, *présider à un mouvement* (*V*. § 78): *régler un mouvement.* (*V*. § 75.)

RÈGLE III. Lorsque deux substantifs ou deux verbes servent de complément à un verbe qui veut être suivi d'une préposition, il faut répéter cette préposition devant chaque substantif, devant chaque verbe complémentaire. Ainsi l'on ne dira pas :

On l'accusa *de* perfidie et trahison; il faut dire : on l'accusa *de* perfidie et *de* trahison.

Il m'a prié *de* parler et plaider pour lui ; il faut dire : il m'a prié *de* parler et *de* plaider pour lui.

RÈGLE IV. Un verbe ne peut avoir deux complémens indirects pour exprimer le même rapport. Ainsi l'on ne dira pas avec Boileau :

C'est *à vous*, mon esprit, *à qui* je veux parler.

A vous et *à qui* sont deux complémens indirects qui expriment le même rapport. En effet, *à qui* tient lieu de *à lequel vous.*—Il faut dire : c'est vous, mon esprit, *à qui* je veux parler, ou c'est *à vous*, mon esprit, que je veux parler.

CHAPITRE XVI.

§ 82. *Des Adjectifs conjonctifs considérés comme complément des Verbes.*

RÈGLE. I. Lorsque l'adjectif conjonctif est complément direct d'un verbe actif ou employé activement, on emploie *que* pour *lequel, laquelle, lesquels, lesquelles*. Ex. :

Trouverai-je partout un rival *que* j'abhorre? (RACINE): c'est-à-dire, un *rival, lequel rival* j'abhorre.

Songez-vous aux douleurs *que* vous m'alliez *coûter?* (RACINE): c'est-à-dire, aux *douleurs, lesquelles douleurs* vous m'alliez coûter ou *causer*.

RÈGLE II. Lorsque l'antécédent de l'adjectif conjonctif est sous-entendu, ainsi que le verbe dont cet adjectif est le complément, on emploie *qui* au lieu de *que, lequel*, etc. Ex. :

Envoyez *qui* vous voudrez, c'est-à-dire, envoyez *l'homme* que vous voudrez *envoyer*.

RÈGLE III. Lorsqu'avec un verbe passif on est obligé d'employer la préposition *par*, on se sert de *par qui*, s'il s'agit de personnes ou de choses personnifiées; on se sert de *par lequel, par laquelle, par lesquels, par lesquelles*, s'il s'agit d'animaux ou de choses. Ex. :

Romulus, *par qui* Rome *fut fondée*, a été, dit-on, enlevé au ciel.

Les moyens *par lesquels* un empire *a été acquis*, servent à le conserver.

RÈGLE IV. Lorsqu'un adjectif conjonctif est le complément indirect d'un verbe qui veut la préposition *à*, on emploie *à qui, auquel, à laquelle*, etc., s'il s'agit de personnes ou de choses personnifiées, et seulement *auquel, à laquelle*, etc., s'il s'agit d'animaux ou de choses.

Il y a du plaisir à rencontrer les yeux de celui *à qui* l'on vient de *donner*. (LA ROCHEFOUCAULD.)

Le chien est l'animal *auquel* on *s'attache* le plus, et non pas *à qui* l'on s'attache le plus.

CHAPITRE XVII.

§ 83. *Pronoms personnels considérés comme complément direct ou indirect des Verbes.*

RÈGLE I. Quand les pronoms personnels doivent être le complément direct d'un verbe, on emploie *me*, *nous*, *te*, *vous*, *le*, *la*, *les*, *se*, que l'on place avant le verbe, si ce verbe est à tout autre mode qu'à l'impératif. Ex :

> Les grandes prospérités *nous* aveuglent. (BOSSUET.)
> Un fils ne s'arme point contre un coupable père,
> Il détourne les yeux, *le* plaint et *le* révère. (*Brutus.*)
> Au seul nom de Henri, les Français *se* rallient. (*Henriade.*)

RÈGLE II. Quand les pronoms personnels doivent être le complément indirect d'un verbe qui veut la préposition *à*, on emploie *me*, *nous* pour *à moi*, *à nous*; *te*, *vous*, pour *à toi*, *à vous*; *lui*, pour *à lui*, *à elle*; *leur* pour *à eux*, *à elles*; *se* pour *à soi*, que l'on place avant le verbe, si ce verbe est à tout autre mode qu'à l'impératif. Ex. :

> Les conquêtes les plus glorieuses sont celles qui *nous* gagnent les cœurs. (MASSILLON.)

REMARQUE. Au lieu de *à lui*, *à elle*, *à eux*, *à elles*, on emploie, s'il s'agit de choses, le pronom *y*, que l'on place avant le verbe. Ex. :

> J'ai connu le malheur, et j'*y* sais compatir. (GUICHARD.)

RÈGLE III. Si le verbe dont les pronoms personnels sont le complément direct, est à l'impératif, on emploie *moi*, *vous*, *toi*, *nous*, *le*, *la*, *les*, que l'on place après le verbe avec le trait d'union. (*V*. § 33.) Ex. :

> Louez-*les* s'ils font bien.—Punissez-*les*, s'ils se comportent mal.

RÈGLE IV. Si le verbe dont les pronoms personnels sont le complément indirect, veut la préposition *à*, on emploie *moi*, *nous* pour *à moi*, *à nous*; *toi*, *vous* pour *à toi*, *à vous*; *lui* pour *à lui à elle*; *leur* pour *à eux*, *à elles*, que l'on place après le verbe avec le trait d'union. Ex. :

Racontez-*moi* cette histoire.—Parlez-*nous* sincèrement.

Remarque. Au lieu de *à lui*, *à elle*, *à eux*, *à elles*, on emploie, s'il s'agit de choses, le pronom *y*, que l'on place après le verbe. Ex. : Faites votre devoir et donnez-*y* toute votre attention.

Règle V. Quand un verbe à l'impératif a deux pronoms pour complémens, l'un direct, l'autre indirect, le complément direct se place le premier. On se sert alors de deux traits d'union, que l'on place, l'un entre le verbe et le complément direct, l'autre entre les deux complémens. Ex. :

C'est le seul bien qui me reste, *laissez-le-moi*. (Marmontel.)

Remarque. La diphthongue *oi* des pronoms *moi* et *toi*, se remplace par l'apostrophe après un impératif et devant le pronom *en*. Ex. : Donne-*m'en* ; — va-*t'en*.

Cela n'a pas lieu devant le pronom *y*. Ainsi l'on dit conduisez-*y* moi, et non conduisez-*m'y*.

§ 84. Remarques sur l'emploi des pronoms considérés comme complément.

1° Les pronoms *lui*, *eux*, *elle*, *elles*, quand ils sont complémens indirects, ne se disent point des choses. On les supplée alors par les pronoms *en* et *y*. Ainsi l'on ne dira pas :

Cette maison n'est pas assez grande, je *lui* ajouterai un pavillon ; il faut dire : j'*y* ajouterai un pavillon.

Voici un bel ouvrage ; que pensez-vous *de lui* ?— il faut dire : qu'*en* pensez-vous ?

2° Les pronoms *le*, *la*, *les*, *leur*, etc., employés comme complément, ne peuvent jamais se rapporter à un nom commun employé sans article ou sans l'un des équivalens de l'article. Ainsi l'on ne dira pas :

Octave déclara *en plein sénat* qu'il voulait *lui* remettre le gouvernement de l'empire.—Il faut dire : Octave déclara *au* (à le) *sénat assemblé* qu'il voulait lui remettre le gouvernement de l'empire. (*V.* § 62, Rem. 2°.)

3° Lorsqu'on veut remplacer une proposition ou un verbe par un pronom, on se sert du pronom *le*, qui reste invariable. Ex.: Si le public a eu quelque indulgence pour moi, je *le* dois à votre protection (Condillac) ; c'est-à-dire, je dois à votre protection que le *public a eu quelque indulgence* pour moi.

Va, je ne te hais point, — tu *le dois*, —je ne puis (COR-NEILLE); c'est-à-dire, tu dois me *haïr*.

5° *Soi* se dit des personnes et des choses. — Si l'on parle des personnes, *soi* doit se rapporter à un nom collectif ou à un adjectif indéfini, tel que *on*, *quiconque*, *chacun*, etc. Ex. : Tout *le monde* pense *à soi—Aucun* n'est prophète chez *soi*.

6° On emploie *soi*, au lieu de *lui*, *elle*, *eux*, *elles*, lorsque les pronoms *lui*, *elle*, etc., pourraient donner lieu à quelque équivoque. Ex.: L'égoïste, en travaillant pour quelqu'un, travaille *pour soi*. Si l'on mettait *pour lui*, *lui* pourrait se rapporter à *égoïste* et à *quelqu'un* : il y aurait donc équivoque.

CHAPITRE XVIII.

§ 85. *Complément du Participe.*

RÈGLE I. Le participe présent ou passé veut après lui le même complément que le verbe auquel il appartient. Ex. :

On a vu souvent des hommes pervers *aspirant à la gloire.* (*V*. § 78.)

Que ne peut le courage *aidé de la sagesse?* (*Callisthène.*)

RÈGLE II. Il ne faut jamais mettre le pronom *en* devant un participe présent, lorsque ce participe est déjà précédé de la préposition *en*. Ainsi l'on ne dira pas :

On fait plus facilement goûter ses remontrances *en en* écartant toute amertume.

Ici le premier *en* est préposition, le second *en* est pronom, et la rencontre en est choquante pour l'oreille. Il faut changer de tournure, et dire :

En écartant toute amertume de ses remontrances, on *les* fait goûter plus facilement.

§ 86. *Remarques sur le Participe présent et sur l'Adjectif verbal.*

I. Il ne faut pas confondre le participe présent avec l'adjectif verbal terminé comme lui par *ant*, et ainsi nommé parce qu'il dérive du verbe. Le participe présent marque toujours l'action et est invariable; l'adjectif verbal marque toujours la qualité, l'état ou la situation, et s'accorde en genre et en nombre avec le substantif auquel il se rapporte. Ex. :

Je vous ai toujours vu *obligeant* vos amis au besoin.—Ici *obligeant* est un participe présent.

Ce sont des hommes *obligeans*. — Ici *obligeans* est un adjectif verbal.

Voyez - vous ces débris *flottant vers* la côte?— Ici le sens indique l'action; *flottant* est un participe présent.

Calypso aperçut un gouvernail, un mât, des cordages *flottans sur* la côte. (FÉNELON.)—Ici le sens indique l'état, et *flottans* est un adjectif verbal.

CHAPITRE XIX.

§ 87. *Remarques sur le complément des Prépositions.*

1° *A* se met devant les noms de villes, *en* devant les noms de royaumes, de provinces, etc. Ex : je demeure *à* Paris : —Je suis né *en* France, *en* Artois.

2° *Au travers* veut toujours être suivi de la préposition *de.* Ex. :

Au travers des (de les) périls un grand cœur se fait jour.
(RACINE.)

3° *Dessus* et *dessous, dedans* et *dehors* ne sont prépositions que lorsqu'on les oppose l'un à l'autre. Ex. : Il y a des animaux *dessus* et *dessous* la terre ; — on l'a cherché *dedans* et *dehors* la maison ;—mais on ne pourrait pas dire : *dessus* la table, *dedans* la chambre ; il faut dire, *sur* la table, *dans* la maison.

4° *Vis-à-vis de* ne peut s'employer que pour exprimer une position de lieu. Ainsi l'on dira bien : il demeure *vis-à-vis des* Tuileries. On ne pourrait pas dire : il est ingrat *vis-à-vis de* moi. Il faut, dans ce cas, se servir des prépositions *envers,* *à l'égard de :* il est ingrat *envers* moi.

5° *De,* indiquant la matière d'où une chose provient, ne veut point d'article avant son complément, à moins que ce complément ne soit déterminé par les mots qui l'accompagnent. Ainsi l'on dira sans l'article, une statue *de* marbre, et avec l'article, une statue *du* (de le) marbre *de Carrare.*

6° *Près de* exprime une idée de proximité par opposition à celle d'éloignement. Ex. : Il reste *près du* palais des Tuileries. *Auprès de* éveille une idée d'assiduité, de sentiment, sans relation à aucune idée de distance. Ex. : Je ne suis heureux qu'*auprès de* vous.

7° *Avant* est relatif au temps ou au lieu ; *devant* est seulement relatif au lieu. Ainsi l'on dira : Auguste commença à régner quarante-deux ans *avant* Jésus-Christ, et non pas *devant* Jésus-Christ.

8° *Entre* se dit de deux ou de plusieurs objets. Ex. : La victoire resta long-temps incertaine *entre* les deux partis.

Parmi ne s'emploie qu'avec un pluriel ou avec un singulier collectif. Ex. :

Parmi de grandes vertus, il y a souvent de grands défauts.

Mais on ne dira pas avec Racine :

Parmi ce plaisir, quel chagrin me dévore?

9° Lorsque les prépositions *en* et *dans* marquent des rapports de temps, *en* exprime une durée continue ; *dans* exprime seulement un moment, une époque. Ex. :

Il arrivera *en* trois jours, c'est-à-dire qu'il mettra trois jours à faire la route.

Il arrivera *dans* trois jours, c'est-à-dire au troisième jour.

§ 88. *De l'emploi des Prépositions en général.*

RÈGLE I. Un même substantif peut être le complément de deux prepositions, si ces prépositions veulent le même complément. Ainsi l'on peut dire :

Écrire *pour* ou *contre un parti.*—En effet, on dit : écrire *pour un parti,* écrire *contre un parti.*

RÈGLE II. Lorsqu'un même substantif doit être le complément de deux prépositions qui veulent un complément différent, il faut, 1° placer le complément commun après la première préposition ; 2° le répéter ou le remplacer pour la seconde par un adjectif possessif ou par un pronom. Ainsi l'on ne dira pas :

Plaider *contre* ou *en faveur de* quelqu'un.—En effet, on dit : plaider contre *quelqu'un,* plaider en faveur de *quelqu'un.*

Il faut dire : plaider contre *quelqu'un* ou en *sa* faveur.

RÈGLE III. Les prépositions se répètent avant les mots complémentaires qui signifient des choses différentes ; on ne les répète pas, lorsque ces mots ont une signification à peu près semblable. Ainsi l'on dira, en répétant les prépositions :

L'homme est *sous* les yeux et *sous* la main de la Providence.

On dira sans répéter les prépositions :

4

Chaque citoyen est *sous* la garde et la protection des lois.

RÈGLE IV. On ne doit point, dans une même phrase, répéter la même préposition avec des rapports différens. Ainsi l'on ne dira pas :

Vivez toujours *avec* cordialité *avec* les hommes. — Il faut dire : Vivez toujours cordialement *avec* les hommes.

CHAPITRE XX.

COMPLÉMENT DES ADVERBES.

§ 89. *Complément des Adverbes de manière ou de qualité, et des Adverbes* voici, voilà.

RÈGLE I. Les adverbes *dépendamment, indépendamment, indifféremment,* veulent, avant leur complément, la préposition *de,* parce qu'ils dérivent d'adjectifs qui veulent après eux cette préposition. *V.* § 72.) Ex. :

Les princes agissent *différemment des* particuliers.

RÈGLE II. Les adverbes *préférablement, proportionnément, convenablement, relativement, conformément, conséquemment, antérieurement, inférieurement, postérieurement, supérieurement,* etc., veulent, avant leur complément, la préposition *à,* parce qu'ils dérivent d'adjectifs qui veulent après eux cette préposition. (*V.* § 72.) Ex. :

Il faut aimer Dieu *préférablement à* tout.

REMARQUES. 1° *Voici* est pour *vois ici;* — *voilà* est pour *vois là.* Ex. :

Voilà du (de le) pain, c'est-à-dire une partie du pain. (*V.* règle 3, § 75.) — On dira d'après l'exception à la règle : *voilà de* bon pain.

2° *Voici* sert à désigner un objet plus proche, et a rapport à ce qui suit ; *voilà,* un objet plus éloigné, et a rapport à ce qui précède. Ex. :

Silence ! silence ! *voici l'ennemi,* disait le grand Condé à l'auditoire, quand Bourdaloue montait en chaire.

Juger les autres en toute rigueur, se pardonner tout à soi-même, *voilà deux mortelles maladies* qui affligent le genre humain. (BOSSUET.)

§ 90. *Complément des adverbes de quantité.*

RÈGLE I. Les adverbes de quantité, pouvant être considérés comme des noms partitifs, veulent avant leur complément la préposition *de* sans l'article ; le nombre des substantifs complémentaires passe au verbe qui le suit. (*V.* § 68.) Ex. :

Assez *de gens connaissent* leurs devoirs, mais peu les pratiquent, c'est-à-dire, *un assez grand nombre* de gens, etc.

R**EMARQUES**. 1° Les adverbes de quantité *peu, beaucoup, combien peu,* lorsqu'ils se rapportent à un substantif pluriel sous-entendu ou précédemment exprimé, veulent au pluriel le verbe qui les suit. Ex. :

Tel est le caractère *des enfans ;* beaucoup *aiment* le jeu, peu *aiment* l'étude, c'est-à-dire beaucoup d'*enfans aiment* le jeu, peu d'*enfans aiment* l'étude.

2° *Beaucoup,* mis pour *plusieurs,* ne peut s'employer seul, lorsqu'il est le complément d'un autre mot. Ainsi l'on ne dira pas : je l'ai entendu dire *à beaucoup ;* — il faut dire : *à beaucoup de personnes* ou *de gens.*

R**ÈGLE** II. L'adverbe de quantité *bien,* employé pour *beaucoup,* veut toujours devant son complément la préposition et l'article. Ex. :

Un repentir sincère efface *bien des* (de les) péchés. (B**OSSUET**.)

§ 91. *Du* que *adverbe interrogatif ou admiratif.*

R**ÈGLE** I. Au lieu de l'adverbe *pourquoi,* on emploie souvent l'adverbe interrogatif *que,* si la phrase est affirmative, et *que ne* si la phrase est négative. Ex. :

Que tardez-vous à paraître ? c'est-à-dire, *pourquoi* tardez-vous, etc.

Que ne saisissez-vous toutes les occasions de faire le bien ? c'est-à-dire, *pourquoi* ne saisissez-vous *pas* toutes les occasions de faire le bien ?

R**ÈGLE** II. Lorsque l'adverbe admiratif *que* est mis pour *quelle est l'espèce, quel est le nombre,* etc., on le fait suivre de la négation *ne... pas.* Ex. :

Que de malheurs n'ai-je *pas* essuyés ? c'est-à-dire, *quelle est l'espèce* de malheurs que je n'ai *pas* essuyés ?

CHAPITRE XXI.

COMPLÉMENT DES CONJONCTIONS.

§ 92. *Du* que *comparatif.*

R**ÈGLE** I. Quand on compare deux substantifs au

4.

moyen des adverbes *plus*, *moins*, *autant*, *aussi*, la conjonction *que* se place immédiatement avant le second terme de la comparaison, en observant, à son égard, les règles de concordance ou de complément indiquées par sa position dans la phrase. Ex. :

La sagesse est plus précieuse *que l'or;* c'est-à-dire, que *l'or* n'est précieux.—Ici *l'or* est le sujet du verbe sous-entendu.

Règle II. Quand on compare deux adjectifs ou deux adverbes, au moyen de *plus, moins, aussi, autant,* la conjonction *que* se place immédiatement avant· le second adjectif ou le second adverbe qui restent l'un et l'autre au positif. Ex. :

L'exercice est plus utile *que nuisible* à la santé.

Règle III. Quand on compare deux infinitifs au moyen de l'adverbe *mieux* et de la conjonction *que,* on met la préposition *de* avant le second infinitif, parce qu'il est le complément d'un substantif sous-entendu. Ex. :

Il vaut mieux étouffer un bon mot qui est près de nous échapper que *de chagriner* qui que ce soit (Bossuet), c'est-à-dire, étouffer un bon mot vaut mieux que *l'action de* chagriner, etc.

Règle IV. Après un comparatif de supériorité, d'infériorité ou d'égalité marqué par les adverbes *plus*, *moins, aussi, autant,* si la conjonction *que* est suivie d'un verbe, il faut placer devant le verbe de la proposition subordonnée le pronom invariable *le.* Ex. :

Il est *plus* instruit *que* je ne *le* pensais, c'est-à-dire, que je ne pensais qu'*il était instruit.*

§ 93. *Des cas où la Proposition subordonnée prend ou ne prend pas la négation* ne *après le* que *comparatif.*

Règle I. Après *plus, mieux, meilleur, moins, moindre, pire, plus tôt, plus tard, autre, autrement,* etc., suivis de la conjonction *que* et d'un verbe, le verbe de la proposition subordonnée prend la négation *ne,* lorsque la proposition principale est affirmative. Ex. :

L'homme se fait *plus* de maux à lui-même *que ne* lui en fait la nature. (Marmontel.)

RÈGLE II. Si la proposition principale est négative ou interrogative, le verbe de la proposition subordonnée ne prend pas la négation *ne*. Ex. :

La Hire disait à Charles VII : Sire, on *ne peut* perdre *plus* gaiement votre royaume *que vous le faites.*

RÈGLE III. Après *autant, aussi, tant, si, tel, le même*, la proposition subordonnée ne prend jamais la négation *ne*, quelle que soit la nature de la proposition principale. Ex. :

La vie la plus heureuse n'a pas *autant* de plaisirs *qu'elle a* de peines. (MARMONTEL.)

REMARQUE. *Autant, aussi, tant, si, tel* et *autre* se répètent devant chaque mot qu'ils modifient. Ex. :

L'âne est de son naturel *aussi* humble, *aussi* patient, *aussi* tranquille *que* le cheval est fier, ardent, impétueux.

(BUFFON.)

CHAPITRE XXII.

§ 94. *De la Conjonction* que *placée entre deux Verbes.*

RÈGLE I. Lorsque la proposition principale, suivie de la conjonction *que*, exprime l'affirmation ou la certitude d'une manière positive, le verbe de la proposition subordonnée se met toujours à l'indicatif, qui est le mode destiné à l'affirmation. Ex. :

Songez que la clémence *a* toujours *eu* ses droits,
Et *qu'elle est* la vertu la plus digne des rois. (CORNEILLE.)

REMARQUE. Les quatre verbes unipersonnels *il s'ensuit, il résulte, il arrive, il paraît,* et tous ceux qui renferment un adjectif d'affirmation, de certitude, d'évidence, etc., tels que *il est certain, il est sûr, il est évident, il est vrai,* etc., suivent la même règle. Ex. :

Il arrive souvent *qu'on est trompé.*

RÈGLE II. Lorsque la proposition principale, suivie de la conjonction *que*, exprime la volonté, le désir, le consentement, la défense, la crainte, l'admiration, la surprise, et en général, une idée de doute, le verbe de la proposition subordonnée se met toujours

au subjonctif, qui est le mode du doute, de l'indéci-
sion. Ex. :

Obéis, si *tu veux qu'on t'obéisse* un jour.

Remarque. La même règle a lieu lorsque le verbe de la
proposition principale est un verbe unipersonnel. Ex. :

Quand un ami se perd, *il faut qu'on l'avertisse,*
Il faut qu'on le retienne au bord du précipice. (*Mérope.*)

Règle III. Toutes les fois que la proposition principale est négative ou interrogative, le verbe de la
proposition subordonnée se met au subjonctif. Ex. :

On *ne doit jamais* soupçonner *qu'un ami veuille* vous trahir.
Croyez-vous qu'il soit heureux?

§ 95. *Des cas où la Proposition subordonnée prend la négation* ne *ou* ne…. pas.

Règle I. Après les verbes *craindre, trembler,
avoir peur, redouter,* etc., suivis de la conjonction *que*
et d'un verbe, la proposition subordonnée prend la
négation *ne,* lorsque l'on craint l'accomplissement,
et la négation *ne… pas,* lorsque l'on souhaite l'accomplissement de la chose exprimée par le verbe de
la proposition subordonnée. Ex. :

Je crains que l'ennemi *ne vienne.*—Ici on craint l'accomplissement de la chose exprimée par le verbe *venir.*

Je crains que mon ami *ne vienne pas.* — Ici on souhaite
l'accomplissement de la chose exprimée par le verbe *venir.*

Règle II. Après les verbes *douter, disconvenir,
nier, désespérer, tenir* (employé unipersonnellement), etc., suivis de la conjonction *que* et d'un
verbe, le verbe de la proposition subordonnée ne
prend la négation *ne* que lorsque la proposition principale est négative ou interrogative. Ex. :

Personne *ne doute que* la vertu *ne* soit aimable.

Peut-on nier *que* la santé *ne* soit préférable aux richesses?

Règle III. Après les verbes *empêcher, prendre
garde, garder* mis pour *prendre garde,* suivis de la
conjonction *que* et d'un verbe, le verbe de la proposition subordonnée prend toujours la négation *ne,*
quelle que soit la nature de la proposition principale.
Ex. :

Gardez qu'une voyelle à courir trop hâtée,
Ne soit d'une voyelle en son chemin heurtée. (Boileau.)

§ 96. *De la Conjonction* que *entre deux Verbes,*
précédée de tel, *de* si, *de* tant.

RÈGLE I. Si la conjonction *que* est précédée de *tel*,
de *si*, de *tant*, sans qu'il y ait comparaison, le verbe
de la proposition subordonnée se met à l'indicatif,
lorsqu'elle exprime positivement l'affirmation, et au
subjonctif, lorsqu'elle exprime simplement la possibilité. Ex. :

Telle est la force de la vertu *que* nous l'*aimons* même dans
un ennemi.— Ici il y a affirmative positive.

La libéralité *doit être telle qu'*elle ne *nuise* à personne : —
c'est comme si l'on disait : qu'elle ne *puisse* nuire à personne.
— Ici il y a simplement possibilité.

RÈGLE II. Lorsque la proposition subordonnée est
liée à la proposition principale par l'un des adjectifs
conjonctifs *qui, dont, que,* etc., par l'un des adverbes
où, d'où, par où, etc., le verbe de la proposition
subordonnée se met au subjonctif, si les mots *qui,
dont, que,* etc., *où, d'où, par où,* etc., équivalent
à *tel* suivi de la conjonction *que.* Ex. :

Montrez-moi un chemin *qui conduise* à Paris; c'est-à-dire,
tel qu'il *conduise* à Paris, *tel* qu'il *puisse* conduire à Paris.

CHAPITRE XXIII.

DES CONJONCTIONS COMPOSÉES DE LA CONJONCTION QUE.

§ 97. *Des Conjonctions qui veulent l'indicatif.*

RÈGLE. Les conjonctions *à mesure que,*—*au lieu
que,*—*dès que, depuis que, aussitôt que,*—*après que,*
— *lorsque, durant que, pendant que, tandis que,
tant que,* — *outre que,*— *parce que, attendu que, vu
que, puisque,*—*selon que, suivant que,* etc., veulent
à l'indicatif le verbe de la proposition subordonnée.
Ex. :

Avancez en sagesse *à mesure que* vous *avancez* en âge.

REMARQUES. 1° Lorsqu'on emploie *après* pour *après que*, il
faut toujours que l'action exprimée par l'infinitif se rapporte

au sujet de la proposition principale. Ainsi l'on ne dira pas :
Après avoir lu un livre, *des extraits* servent à le graver dans
la mémoire. — Il faut dire : *Faites-en des extraits* pour le
graver, etc.

2° Il ne faut pas confondre *parce que* en deux mots avec
par ce que en trois mots ; le premier est une conjonction et
signifie *attendu que, vu que*; le second signifie *par la chose
que*. Ex. :

Je l'estime, *parce qu'il* est vertueux.

Par ce qu'il fait chaque jour, il montre assez combien il
est honnête.

§ 98. *Des Conjonctions qui veulent le Subjonctif.*

RÈGLE. Les conjonctions *avant que*, — *loin que*, —
de peur que, de crainte que, — *afin que*, — *jusqu'à
ce que, en attendant que*, — *pour que*, — *quoique*,
pourvu que, — *sans que*, etc., veulent au subjonctif
le verbe de la proposition subordonnée. Ex. :

L'adversité, *loin qu'elle soit* un mal, est souvent un remède
contre la prospérité. (MARMONTEL.)

REMARQUES. 1° Lorsqu'on emploie *avant que de, avant de*
pour *avant que, sans* pour *avant que* ou pour *sans que*, il faut
que l'infinitif qui suit ces mots se rapporte au sujet de la
proposition principale. Ainsi l'on ne dira pas avec Quinault :

Que l'on cherche partout mes tablettes perdues,

Et que, *sans les ouvrir*, elles me soient rendues.

Sans les ouvrir équivaut à *sans qu'on les ouvre*. Le sujet *on*
ne se rapporte pas au sujet *elles*.

2° Quand *pour* tient lieu de *pour que*, il faut que l'infinitif
qui le suit se rapporte au sujet de la proposition principale.
Ainsi l'on ne dira pas :

C'est *pour mourir* que *les dieux* nous font naître.

Il faut dire : c'est *pour que* nous mourions.

CHAPITRE XXIV.

LES CONJONCTIONS *COMME, QUAND, SI*, QUI SE RAPPORTENT A DES
CONJONCTIONS COMPOSÉES DE *QUE*.

§ 99. *Des Conjonctions* comme *et* quand.

RÈGLE I. Lorsque la conjonction *comme*, prise dans
un sens comparatif et signifiant *de même que, ainsi
que, aussi bien que*, etc., se trouve dans le premier

membre d'une comparaison, on met ordinairement les adverbes *ainsi*, *de même* au second membre. Ex. :

Comme le feu éprouve l'or, *de même* l'adversité éprouve un ami.

De même que le soleil brille sur la terre, *ainsi* le juste brillera dans les cieux.

RÈGLE II. Lorsque les conjonctions *comme*, *de même que*, *ainsi que*, etc., sont suivies d'un nom ou d'un pronom sans aucun verbe, il faut sous-entendre, après ces conjonctions, le verbe de la proposition principale. Ex. :

La reconnaissance *est* le plus doux *comme* le plus saint des devoirs (THOMAS); c'est-à-dire, *comme* elle *est* le plus saint des devoirs.

REMARQUE. Dans ce cas, le nombre du verbe de la proposition principale n'est déterminé que par son propre sujet. Ex. :

La force de l'âme, *comme la force* du corps, *est* le fruit de la tempérance (MARMONTEL) ; et non pas : *sont* le fruit de la tempérance.

RÈGLE III. Lorsque la conjonction *quand*, suivie ou non de l'adverbe *même*, tient lieu de la conjonction *quoique*, le verbe de la proposition subordonnée se met toujours au conditionnel. Ex. :

On ne croit pas un menteur, *quand même* il *dirait* la vérité : c'est-à-dire, *quoiqu'*il dise la vérité.

Quand un méchant vous *assurerait* de son amitié, ne croyez pas à ses paroles.

§ 100. *De la Conjonction* si *et des Conjonctions analogues.*

I. DU *SI* COMPARATIF.

RÈGLE. Lorsque la conjonction *si* est prise dans un sens comparatif, le verbe de la proposition subordonnée se met toujours à l'indicatif et au même temps que le verbe de la proposition principale. Ex. :

Si Alexandre *eut* de grandes vertus, il *eut* aussi de grands vices.

II. DE *SI* MARQUANT UNE IDÉE DE TEMPS.

RÈGLE. Quand la conjonction *si* marque une idée de temps, elle équivaut à la conjonction *lorsque*; dans ce cas, le verbe de la proposition subordonnée se met toujours comme celui de la proposition principale, au présent ou à l'imparfait de l'indicatif. Ex. :

Si je *l'appelle,* il s'en va; c'est-à-dire, *lorsque* je l'appelle, etc.

Si je *l'appelais,* il s'en *allait;* c'est-à-dire, lorsque je l'appelais, etc.

III. DU *SI* CONDITIONNEL.

RÈGLE I. La conjonction *si*, prise dans un sens conditionnel, et les conjonctions analogues *comme si, de même que si*, veulent ordinairement à l'indicatif le verbe de la proposition subordonnée. Ex. :

Le bien qu'on fait n'est jamais perdu; *si* les hommes l'oublient, Dieu s'en souvient et le récompense. (FÉNELON.)

REMARQUE. Dans la plupart des langues, la conjonction *si* peut se construire avec le futur et le conditionnel; mais en français on se sert du *présent* de l'indicatif au lieu du *futur absolu;* du *parfait défini* au lieu du *futur antérieur;* de l'imparfait de l'indicatif au lieu du conditionnel *présent;* du *plus-que-parfait* au lieu du conditionnel *parfait.* Ex. :

Je lirai, *si* vous *écrivez,* pour . *si* vous *écrirez,*
Je lirai, *si* vous *avez écrit,* pour, *si* vous *aurez écrit,*
Je lirais, *si* vous *écriviez,* pour , *si* vous *écririez,*
Je lirais, *si* vous *aviez écrit,* pour, si vous *auriez écrit,* qui ne se disent pas.

RÈGLE II. Les conjonctions conditionnelles *en cas que, au cas que, à moins que, pour peu que, si peu que, si tant est que, soit que, supposé que* , etc., veulent toujours au subjonctif le verbe de la proposition subordonnée. Ex. :'

Le mensonge est transparent; on le découvre, *pour peu qu'on veuille* l'examiner.

REMARQUES. 1° Après la conjonction *à moins que,* la proposition subordonnée prend toujours la négation *ne.* Ex. :

Vous avez beau être savant, vous n'obtiendrez point d'estime, *à moins que vous ne soyez* modeste.

2° La conjonction *quand* tenant lieu de la conjonction *supposé que,* veut au conditionnel le verbe de la proposition subordonnée. Ex. :

Quand l'histoire *serait* inutile aux autres hommes, il faudrait la faire lire aux princes (BOSSUET); c'est-à-dire, *supposé que* l'histoire *fût* inutile, etc.

IV. DU *SI* DUBITATIF.

RÈGLE. Lorsque la conjonction *si* est prise dans un sens dubitatif, ce qui a lieu après les verbes *ne pas savoir, ignorer, examiner, délibérer, demander, s'informer, juger*, etc., le verbe de la proposition subordonnée se met tantôt à l'indicatif, tantôt au conditionnel. Ex. :

Personne ne sait *s'il mourra* aujourd'hui ou demain.

Je ne sais *s'il aurait réussi* sans le secours de la Providence.

§ 101. *Des Adjectifs conjonctifs et des Adverbes* où, d'où, par où, *qui se construisent avec le Subjonctif après un Superlatif et les Adjectifs* nul, aucun, etc.

Règle. I. Après les adjectifs conjonctifs *qui, dont, que*, etc., et les adverbes *où, d'où, par où*, etc., le verbe de la proposition subordonnée se met au subjonctif, lorsque ces adjectifs et ces adverbes se rapportent à un superlatif placé dans la proposition principale. Ex. :

. . . . . La clémence est *la plus belle* marque
Qui fasse à l'univers connaître un vrai monarque.
(Corneille.)

La religion est toujours le *meilleur* garant *que* l'on *puisse* avoir des mœurs des hommes. (Montesquieu.)

Dans tous ces cas, il y a une idée de possibilité, de doute, d'incertitude, que l'on marque par le subjonctif.

Règle II. Après les adjectifs conjonctifs *qui, dont, que*, etc., et les adverbes *où, d'où, par où*, etc., le verbe de la proposition subordonnée se met au subjonctif, lorsque ces adjectifs et ces adverbes se rapportent avec comparaison à l'un des adjectifs *nul, aucun, seul, unique, premier, dernier*, ou à quelque mot négatif, tel que *personne, rien, peu, guère*, etc. Ex. :

On peut dire que le chien est le *seul* animal *dont* la fidélité *soit* à l'épreuve. (Buffon.)

Il n'est *rien que* le temps à la fin n'*adoucisse*. (Mauger.)

§ 102. *De la Répétition des Conjonctions.*

Règle I. Si plusieurs propositions subordonnées sont liées par la conjonction *que* à une même proposition principale, on répète cette conjonction devant chacune des propositions subordonnées, surtout lorsqu'elles expriment des idées différentes. Ainsi l'on dira avec Fléchier, en parlant de la mort de Turenne :

N'attendez pas, messieurs, *que* j'ouvre ici une scène tragique; *que* je représente ce grand homme étendu sur ses propres trophées; *que* je découvre ce corps pâle et sanglant auprès duquel fume encore la foudre qui l'a frappé; *que* je fasse crier son sang comme celui d'Abel, et *que* j'expose à vos yeux l'image de la religion et de la patrie éplorées.

RÈGLE II. Si plusieurs propositions subordonnées sont unies à une même proposition principale par l'une des conjonctions *lorsque, quoique, dès que, comme, quand,* etc., on n'exprime qu'une fois cette conjonction devant la première proposition subordonnée, et on la remplace par *que* devant chacune des autres, avec le mode voulu par la première conjonction. Ex. :

Lorsqu'on a des dispositions, et *qu'on veut* étudier, on fait des progrès rapides; c'est-à-dire, *et lorsqu'on veut* étudier, etc. (*V.* § 97.)

RÈGLE III. Lorsqu'on remplace le *si* conditionnel par la conjonction *que,* le verbe de la proposition subordonnée se met au subjonctif. Ex. :

. . . . . Romains, quel triomphe pour vous,
Si vous saviez ma honte, et *qu'un* avis fidèle,
De mes lâches combats vous *portât* la nouvelle (RACINE) : c'est-à-dire, et *si* un avis fidèle vous *portait, s'il arrivait qu'un* avis fidèle vous *portât,* etc.

§ 103. *Correspondance des Temps et des Modes dans l'emploi des Conjonctions.*

RÈGLE I. Lorsque le verbe d'une proposition subordonnée ne doit pas se trouver au subjonctif, ce verbe se met au présent de l'indicatif, au lieu de l'imparfait: 1° si l'action qu'il exprime existe encore au moment où l'on parle; 2° si la chose dont il s'agit est vraie dans tous les temps. Ex. :

Je savais que vous *demeurez* à Paris; et non, que vous *demeuriez à* Paris.—Ici l'action existe encore au moment où l'on parle.

Un auteur a dit, avec raison, que les crimes secrets *ont* les dieux pour témoins; et non, *avaient* les dieux pour témoins.—Ici la chose est vraie dans tous les temps.

RÈGLE II. Lorsque le verbe de la proposition subordonnée doit être au subjonctif, et que le verbe de la proposition principale se trouve au présent ou futur de l'indicatif, on met le verbe de la proposition subordonnée au présent ou au parfait du subjonctif; — au *présent*, si l'on veut exprimer un *présent* ou un *futur* à l'égard du premier verbe; — au *parfait*, si c'est un *passé* que l'on veut exprimer. Ex. :

Il faut, il faudra toujours que celui qui parle se *mette* à la portée de ceux qui l'écoutent.

Je doute, je douterai toujours que celui qui ne réussit pas *ait fait* tous ses efforts.

RÈGLE III. Quand le verbe de la proposition principale est à l'imparfait, à l'un des trois parfaits ou à l'un des deux conditionnels, on met le verbe de la proposition subordonnée à l'imparfait ou au plus-que-parfait du subjonctif; — à *l'imparfait*, si l'on veut exprimer un *présent* ou un *futur* à l'égard du premier verbe; — au *plus-que-parfait*, si c'est un *passé* que l'on veut exprimer. Ex. :

Trajan *désirait* que ses concitoyens le *trouvassent* tel qu'il eût voulu trouver l'empereur, s'il eût été simple citoyen. (BOSSUET.)

Dieu a permis que des irruptions de barbares *renversassent* l'empire romain, qui s'était agrandi par toutes sortes d'injustices. (BOSSUET.)

Il faudrait que l'homme se *rappelât* toujours qu'il est sous les yeux de la Providence.

RÈGLE IV. Quand le verbe de la proposition principale est au plus-que-parfait de l'indicatif, le verbe de la proposition subordonnée se met au plus-que-parfait du subjonctif. Ex. :

Si je *m'étais douté* que les choses en *fussent venues* à ce point, j'aurais pris d'autres mesures.

RÈGLE V. Quand le verbe de la proposition principale est au futur antérieur de l'indicatif, le verbe de la proposition subordonnée se met au parfait du subjonctif. Ex. :

Il aura fallu bien des menaces, pour qu'il *ait changé* si subitement de conduite.

SECONDE SECTION.

DES IDIOTISMES.

CHAPITRE PREMIER.

DES SUBSTANTIFS.

§ 104. *Des Substantifs qui font varier l'Accord de l'Adjectif.*

RÈGLE I. Le substantif pluriel *gens* veut au féminin l'adjectif qui le précède, et au masculin l'adjectif ou le participe passé qui le suit. Ex. :

Les *vieilles gens;—toutes* les *vieilles gens.*
Toutes les *vieilles gens* ne sont pas *soupçonneux.*

RÈGLE II. Lorsqu'on emploie l'adjectif *tout* devant le substantif pluriel *gens*, au lieu du féminin *toutes*, on se sert du masculin *tous*, 1° quand cet adjectif n'est séparé du substantif que par l'article ou l'un des équivalens de l'article ; 2° quand il est suivi d'un adjectif dont la terminaison est la même pour les deux genres. Ex. :

Tous les gens de bien.— *Tous ces* gens-là.
Tous les *habiles* gens.— *Tous* les *honnêtes* gens.

RÈGLE III. Le substantif *chose* est féminin ; mais réuni à l'adjectif *quelque* pour ne former avec lui qu'un mot inséparable, il veut au masculin tous les mots qui s'y rapportent. Ex. :

Lorsque vous donnez *quelque chose,*
Accordez-*le* civilement.

CHAPITRE II.

DES ADJECTIFS.

§ 105. *Des Adjectifs qualificatifs.*

I. Toutes les fois qu'un adjectif en qualifie un autre, et que ces adjectifs se rapportent au même substantif, on place entre eux un trait d'union, et ils restent invariables. Ex. :

Il a les cheveux *châtain-clair*.— Ici *clair* qualifie *châtain*, et ces deux adjectifs se rapportent au substantif *cheveux*.

II. Il ne faut pas confondre *conséquent* avec *important*.—*Conséquent* ne s'emploie que pour signifier ce qui est d'accord avec soi-même. Ainsi l'on dira :

Une conduite *conséquente*, et non pas, une affaire *conséquente*; il faut dire, une affaire *importante*.

III. ÉHONTÉ, EFFRONTÉ. — *Éhonté* marque la corruption du cœur; *effronté*, la légèreté de l'esprit, l'indiscrétion, l'imprudence. Ex. :

C'est une femme *éhontée*.—C'est un jeune homme *effronté*. *Déhonté* n'est pas français.

IV. ÉMINENT, IMMINENT. — *Éminent* se dit d'un mal, d'un danger très grand, mais encore éloigné, et que l'on veut éviter ;—*imminent* se dit d'un mal, d'un danger présent et inévitable. Ex. :

L'homme condamné à mort est dans un péril *éminent*.

L'homme qui est déjà sur l'échafaud est dans un péril *imminent*.

V. PASSANT, PASSAGER.—On dit une rue *passante*, et non une rue *passagère*. *Passager* ne s'emploie que pour ce qui passe. Ex. :

La joie est *passagère* et le rire trompeur.

§ 106. *Des Adjectifs numéraux.*

RÈGLE I. Les adjectifs numéraux *second* et *deuxième* emploient, l'un pour marquer l'*ordre*, l'autre pour marquer la *série*. Ex. :

Cette règle se trouve dans la *seconde* partie de la grammaire et dans la *seconde* section de la syntaxe.

Le *deuxième* tome de la nouvelle édition de Racine a paru.

Mais on ne pourrait pas dire le *deuxième tome*, si l'ouvrage ne doit avoir que deux volumes; il faudrait dire : *le second tome.*

RÈGLE II. Lorsqu'un adjectif numéral est précédé du pronom *en*, et suivi d'un adjectif ou d'un participe, on met avant cet adjectif ou ce participe la préposition *de*. Ex. :

Sur mille hommes, à peine y *en* a-t-il un *de riche*.

Sur dix mille combattants, il y *en* eut mille *de tués* et mille *de blessés*.

Mais on ne pourrait pas dire avec un substantif :

Sur dix mille combattants, il y *en* eut mille *de prisonniers*. Il faut changer la tournure et dire : il y en eut mille qui furent faits prisonniers.

§ 107. *Des Adjectifs possessifs.*

RÈGLE I. Les adjectifs possessifs de la première espèce se remplacent par l'article, lorsque l'emploi des pronoms *je*, *tu*, *il*, *me*, *te*, *se*, *nous*, *vous*, ne laisse aucun doute sur l'objet possesseur. Ainsi l'on ne dira pas :

J'ai mal à *ma* tête ;— Il faut dire : j'ai mal à *la* tête.

Il s'est cassé *sa* jambe ; — Il faut dire : il s'est cassé *la* jambe.

Les pronoms *je*, *il*, indiquent suffisamment qu'il s'agit de ma tête et non de celle d'un autre ; de sa jambe et non de celle d'un autre.

RÈGLE II. Lorsqu'il s'agit de choses inanimées, les adjectifs possessifs *son*, *sa*, *ses*, *leur*, *leurs*, ne s'emploient que quand l'objet possesseur est sujet de la proposition où se trouve l'objet possédé. Ex. :

La *guerre* a *ses* faveurs ainsi que *ses* disgrâces. (*Henriade.*)

Les faveurs de quoi ? de la guerre ; les disgrâces de quoi ? de la guerre. La *guerre*, qui est l'objet possesseur, est le sujet de la proposition où se trouve l'objet possédé.

RÈGLE III. Au lieu des adjectifs possessifs *son*, *sa*, *ses*, *leur*, *leurs*, on emploie le pronom *en*, lorsque l'objet possesseur n'est pas le sujet de la proposition où se trouve l'objet possédé. Ainsi l'on ne dira pas :

Paris est une très belle ville, j'admire surtout *ses boulevards*. Il faut dire : j'*en* admire surtout les boulevards. — *Paris*, qui est l'objet possesseur, n'est pas le sujet de la proposition où se trouve l'objet possédé.

REMARQUE. Quoique l'objet possesseur ne soit pas le sujet de la proposition où se trouve l'objet possédé, on emploie néanmoins les adjectifs *son*, *sa*, *ses*, *leur*, *leurs*, s'ils sont précédés d'une préposition. Ex. :

Paris est une très belle ville ; j'admire surtout la grandeur de ses bâtiments.

RÈGLE IV. Les adjectifs possessifs *le mien*, *le nôtre*, *le tien*, *le vôtre*, etc., doivent toujours se rapporter à un substantif exprimé précédemment. Ainsi l'on ne dira pas en commençant une lettre :

J'ai reçu *la vôtre* en date du 16 juin.

Il faut dire : j'ai reçu *votre lettre* en date du 16 juin.

§ 108. *Des Adjectifs indicatifs* celui, celui-ci, celui-là, ceci, cela.

RÈGLE I. Souvent pour ne pas répéter un substantif précédemment exprimé, on le remplace par les adjectifs indicatifs *celui*, *celle*, etc., que l'on fait suivre du complément voulu par le substantif sous-entendu. Ex. :

Les *maladies* de l'ame sont plus dangereuses que *celles du corps* ; c'est-à-dire, que les maladies du corps.

RÈGLE II. Si les adjectifs indicatifs *celui*, *celle*, *ceux*, *celles*, ne sont pas suivis d'un complément, ils doivent toujours l'être d'un adjectif conjonctif, ou de l'un des adverbes *où*, *d'où*, etc. Ex. :

Les solides trésors sont *ceux qu'on* a donnés. (RACINE fils.)

Ainsi l'on ne fera jamais suivre immédiatement ces adjectifs d'un autre adjectif ou d'un participe, et l'on ne dira pas : *ceux grands*, *ceux donnés*, il faut dire : *ceux qui* sont grands, *ceux qui* sont donnés.

RÈGLE III. Lorsqu'on vient de nommer deux objets, *celui-ci*, *celle-ci*, *ceci*, s'emploient pour représenter le dernier objet nommé, parce qu'on le considère comme plus proche ; *celui-là*, *celle-là*, *cela*, s'emploient pour représenter le premier objet nommé, parce qu'on le considère comme plus éloigné. Ex. :

Un *magistrat* intègre et un vaillant *officier* sont également estimables ; *celui-ci* nous protège contre les ennemis extérieurs, *celui-là* fait la guerre aux ennemis domestiques.

§ 109. *De l'Adjectif indicatif* même.

RÈGLE I. Quand l'adjectif indicatif *même* est immédiatement placé après un pronom ou après un seul substantif, il s'accorde en genre et en nombre avec ce pronom ou ce substantif. Ex. :

Ceux qui se plaignent de la fortune n'ont souvent à se plaindre que d'*eux-mêmes*. (*Siècle de Louis XIV*.)

Les Romains n'ont vaincu les Grecs que par les *Grecs mêmes*. (Mably.)

Règle II. Lorsque *même* est employé comme adverbe, ce qui a lieu quand il est placé après plusieurs substantifs, ou qu'il qualifie un adjectif, un verbe ou un participe, *même* reste toujours invariable. Ex. :

La sagesse, la vertu *même* doivent avoir des bornes.

Les hommes médisants n'*épargnent* pas *même* leurs amis.
(Racine.)

§ 110. *De l'Adjectif indicatif* ce, *suivi immédiatement du Verbe* être.

Règle I. Quand l'adjectif *ce* est immédiatement suivi du verbe *être* et d'un nom substantif ou d'un pronom de la troisième personne, le verbe *être* se met à la troisième personne du singulier ou du pluriel, selon le nombre du substantif ou du pronom. Ex. :

La vertu qui se fait le plus chérir, *c'est l'humanité* (Marmontel); c'est-à-dire, *cette vertu* qui se fait le plus chérir est l'humanité.

Ce furent les Phéniciens qui, les premiers, inventèrent l'écriture (Bossuet); c'est-à-dire, *ces peuples* qui, les premiers inventèrent l'écriture, *furent les Phéniciens*.

Lisez Démosthène et Cicéron; *ce sont eux* qui ont remporté la palme de l'éloquence : c'est-à-dire, *ces orateurs* qui ont remporté la palme de l'éloquence, *sont eux, sont Démosthène et Cicéron*.

Règle II. Quand l'adjectif *ce* est suivi du verbe *être* et du complément indirect d'un autre verbe, le verbe *être* reste toujours au singulier, quel que soit le nombre de ce complément. Ex. :

C'est aux vertus que nous devons nos premiers hommages, c'est-à-dire, *cette chose est, existe, savoir que* nous devons nos premiers hommages aux vertus.

Règle III. Dans une phrase interrogative où le verbe *être* et l'adjectif *ce* sont immédiatement suivis d'un pluriel, substantif ou pronom, le verbe *être* se met, 1° au singulier, s'il est au présent ou au futur de l'indicatif; 2° au pluriel, s'il est à l'imparfait de l'indicatif ou à l'un des conditionnels. Ainsi l'on dira avec le singulier :

Est-ce vos amis, *sera-ce* vos amis que je verrai demain ?

Et avec le pluriel :

Étaient-ce vos amis, *seraient-ce* vos amis que j'ai vus hier ?

§ 111. *Des Adjectifs indéfinis* chaque *et* tout.

Règle I. L'adjectif indéfini *chaque* veut toujours être suivi d'un substantif. Ainsi l'on ne dira pas avec l'abbé Guénée :

Salomon avait douze mille écuries de dix chevaux *chaque;* —il fallait dire de dix chevaux *chacune.*

Règle II. Quand l'adjectif indéfini *tout* est joint à un nom commun, il suit la règle ordinaire de concordance ; mais joint à un nom propre de ville, il reste au masculin. Ex. :

Tous les *peuples* qui vivent misérablement sont laids ou mal faits. (Buffon.)

Tout Rome le sait ; c'est-à-dire, *tout* le *peuple* de Rome.

§ 112. *Des Adjectifs indéfinis* l'un, l'autre, — l'un et l'autre, —l'un ou l'autre, — ni l'un ni l'autre, —l'un l'autre.

Règle I. Quand il n'est question que de deux personnes ou de deux choses, on emploie *l'un, l'autre; l'un,* pour rappeler le premier objet nommé; *l'autre,* pour rappeler le second objet nommé. Ex. :

Charles XII, roi de Suède, éprouva ce que la *prospérité* a de plus grand, et ce que l'*adversité* a de plus cruel, sans avoir été amolli par *l'une,* ni ébranlé par *l'autre.* (*Histoire de Charles XII.*)

Un tiens vaut, ce dit-on, mieux que *deux tu l'auras :*
    L'un est sûr, *l'autre* ne l'est pas. (La Font.)

Règle II. Après *l'un et l'autre,* le verbe se met au singulier ou au pluriel, selon que l'esprit s'arrête à l'idée d'unité ou de pluralité. Ex. :

Par le rapport des deux Testaments, on prouve que *l'un et l'autre est* divin. (Bossuet.)

Ici l'auteur a été frappé de la qualité de *divin* qui appartient en particulier à chacun des deux Testaments, et il a mis le verbe au singulier.

L'un et l'autre, à ces mots, *ont* levé le poignard. (*Mérope.*)

Ici l'auteur veut peindre l'action simultanée de deux personnes, et il a mis le verbe au pluriel.

RÈGLE III. Après *l'un ou l'autre*, le verbe se met ordinairement au singulier. Ex. :

L'un ou l'autre de nous *doit* périr en ces lieux.

RÈGLE IV. Après *ni l'un ni l'autre*, le verbe se met ordinairement au pluriel ; mais il se met au singulier, si un seul des deux sujets peut faire l'action exprimée par le verbe. (*V.* § 63, R. 5.) Ex. :

Ni l'un ni l'autre n'ont fait leur devoir.

Ni l'un ni l'autre n'obtiendra la place d'ambassadeur.

Dans ce dernier exemple, le verbe est au singulier, parce qu'un seul des deux sujets peut obtenir la place d'ambassadeur.

REMARQUE. *Ni l'un ni l'autre* est toujours suivi de la négation *ne*.

RÈGLE V. Quand on veut exprimer une simple idée de pluralité, on se sert de *l'un et l'autre, les uns et les autres;* mais si, à l'idée de pluralité, l'on veut ajouter celle de réciprocité, il faut employer *l'un l'autre, les uns les autres.* Ex. :

Virgile et Horace étaient *l'un et l'autre* de grands poètes : ils s'aimaient *l'un l'autre*, c'est-à-dire *l'un* aimait *l'autre.*

RÈGLE VI. Lorsque les adjectifs *l'un l'autre, les uns les autres*, qui expriment la réciprocité, sont le complément indirect d'un verbe, il faut toujours placer entre *l'un l'autre, les uns les autres*, la préposition voulue par le verbe. Ex. :

Il faut se pardonner les uns *aux autres.* (*V.* § 78.) En effet, c'est comme si l'on disait : il faut se pardonner mutuellement, les uns doivent *pardonner aux autres.*

§ 113. *Des Adjectifs indéfinis* chacun, personne, aucun, nul, *etc.*

RÈGLE I. Avec *chacun*, précédé d'un pluriel, on emploie *son*, *sa*, *ses*, lorsque *chacun* est placé après le complément direct ou indirect du verbe, ou lorsque le verbe est neutre. Ex. :

Ils ont donné *leur avis, chacun* selon *ses* vues, c'est-à-dire ils ont donné leur avis selon leurs vues ; *chacun* a donné son avis selon *ses* vues.

Règle II. Après *chacun*, précédé d'un pluriel, on emploie *leur*, *leurs*, lorsque *chacun* est placé avant le complément direct ou indirect du verbe. Ex. :

Ils ont donné, *chacun*, *leur* avis selon *leurs* vues, c'est-à-dire, ils ont donné *leur avis* selon *leurs* vues, chacun a donné son avis selon ses vues.

Règle III. Les adjectifs *personne*, *aucun*, *nul*, prennent toujours la négation *ne*, à moins que la proposition ne soit interrogative ou ne marque quelque idée de doute. Ex. :

Nul *n'est* content de sa fortune,
Ni mécontent de son esprit.   (Mme Deshoulières.)

Personne a-t-il jamais raconté plus naïvement que La Fontaine?

Remarque. *Aucun*, pris dans le sens de *pas un*, et *nul*, lorsqu'il précède le substantif, ne s'emploient jamais au pluriel. Ainsi l'on ne dira pas avec Racine ;

Aucuns monstres par moi domptés jusqu'aujourd'hui
Ne m'ont acquis le droit de faillir comme lui.

Ni avec un autre auteur : la terre ne produisait *nuls* bons *fruits* ; il fallait : *aucun monstre*, *nul bon fruit.*

§ 114. *De l'Adjectif indéfini* on.

Règle I. Après les mots *et*, *si*, *ou*, *que* et *qui*, au lieu de *on*, on emploie ordinairement *l'on*, composé de l'article et de *on*. Ex. :

Ce *que l'on* conçoit bien s'énonce clairement. (Boileau.)

On commettrait moins de fautes *si l'on* pensait toujours *que l'on* a Dieu pour témoin de ses actions.

Remarque. Lorsque l'adjectif *on* doit être suivi des pronoms *le*, *la*, *les*, il faut toujours préférer *on* à *l'on*. Ainsi l'on ne dira point :

Je ne veux pas *que l'on le* tourmente ; — il faut dire : *qu'on le* tourmente.

Règle II. L'adjectif indéfini *on* ne peut se répéter dans une même phrase, lorsqu'il doit se rapporter à plusieurs substantifs différents. Ainsi l'on ne dira point :

On croit n'être pas trompé ; cependant *on* nous trompe à tout moment.

Le premier *on* se rapporte aux personnes qui croient n'être pas trompées, et le second à celles qui trompent ; il faut dire :

On croit n'être pas trompé ; cependant *on* l'est à tout moment.

CHAPITRE III.

DES VERBES.

§ 115. *Observations générales sur les Verbes.*

RÈGLE I. Très souvent, pour donner à la phrase plus d'énergie ou plus d'élégance, on exprime le complément du verbe avant le verbe lui-même, et on le répète immédiatement après le verbe, au moyen des pronoms *le*, *la*, *les*. Ex. :

Ce qu'on donne aux méchants, toujours on *le* regrette.
(LA FONT.)

Le complément du verbe est *ce;* il est répété par le pronom *le*.

RÈGLE II. Lorsque l'adjectif conjonctif se trouve trop loin du sujet ou du complément du verbe de la proposition principale, on répète devant cet adjectif le substantif qui sert de sujet ou de complément. Ex. :

Le titre de père de la patrie fut décerné à Cicéron, *titre dont* personne n'avait été honoré avant lui.

CHAPITRE IV.

DES PARTICIPES.

§ 116. *Du Participe passé considéré dans les Temps composés des Verbes.*

Le véritable participe passé actif est pour les quatre conjugaisons, *ayant aimé*, — *ayant averti*, — *ayant reçu*, — *ayant entendu;* mais dans les temps composés il prend la forme plus simple, *aimé*, — *averti*, — *reçu*, — *entendu*. Comme tel, il donne lieu à plusieurs règles d'accord très importantes, qui peuvent toutes être ramenées aux deux principes suivants :

Reconnaître la place du complément direct, et le distinguer du complément indirect.

Examiner si ce complément direct appartient au verbe dont le participe passé fait partie, ou bien au verbe qui le suit.

Ce complément est ordinairement un adjectif conjonctif ou un pronom.

RÈGLE I. Tout participe passé, employé dans les temps composés d'un verbe actif, ou pris activement, s'accorde en genre et en nombre avec le complément direct du verbe dont il fait partie, s'il est précédé de ce complément; mais il reste invariable, s'il n'en est pas précédé. Ainsi l'on dira avec l'accord :

Les meilleures harangues sont les *harangues que* le cœur a *dictées*. (MARMONTEL.)

Si Dieu *nous* a *distingués* des autres animaux, c'est surtout par le don de la parole.

Dans ces phrases, le complément direct est placé avant le verbe où se trouve le participe passé.

Mais on dira sans l'accord :

Le cœur a toujours *dicté* les meilleures *harangues*.

Si Dieu a *distingué* les *hommes* des animaux, c'est surtout par le don de la parole.

Dans toutes ces phrases, le complément direct est placé après le verbe où se trouve le participe passé.

REMARQUES 1° Lorsque le complément direct est formé d'un substantif et de l'un des mots *quel, combien de, que, de, plus, autant*, le participe passé s'accorde toujours en genre et en nombre avec ce substantif. Ex. :

Quelle *guerre* intestine avons-nous *allumée?* (RACINE.)

Combien de *projets* M. de Lamoignon a-t-il *faits* ou *réformés?* combien de *services* a-t-il *rendus?* (FLÉCHIER.)

Que de *pleurs* sa main bienfaisante a *essuyés !* (FLÉCHIER.)

Autant de *lois* il a *faites,* autant de *sources* de prospérité et de bonheur il a *ouvertes*. (MARMONTEL.)

2° Les verbes neutres n'ayant jamais qu'un complément indirect, leur participe passé reste toujours invariable.

RÈGLE II. Le participe passé d'un verbe pronominal essentiel (*v.* § 39) prend toujours l'accord, parce que cette sorte de verbes pronominaux est toujours précédée de son complément direct, exprimé par le second pronom. Ex. :

Dès que la haine *s'est emparée* d'une ame, elle en éloigne tous les sentiments généreux. — *Se,* pour *soi,* est complément direct.

Bien des hommes *se* sont *repentis* trop tard d'avoir écouté les conseils de la vengeance. — *Se,* pour *soi,* est complément direct.

EXCEPTION. *S'arroger* est le seul verbe pronominal essentiel où le pronom qui précède ne soit pas complément direct. Ainsi l'on dira sans accord :

Ils *se* sont *arrogé* des droits illégitimes. — *Se* est pour *à soi*, complément indirect.

RÈGLE III. Les verbes pronominaux accidentels venant d'un verbe actif ou pris activement, ont, ainsi que le verbe *s'arroger*, leur participe variable ou invariable, selon que le complément direct précède ou suit le participe. (*V.* RÈGLE I.) Ainsi l'on dira avec l'accord :

La réputation de Racine *s'est* *accrue* de jour en jour. — *Se*, pour *soi*, est complément direct.

Les droits *qu'ils* se sont *arrogés* les ont perdus. — *Que*, pour *lesquels*, est complément direct.

Mais on dira sans l'accord :

Quelques uns de nos auteurs modernes *se* sont *imaginé* qu'ils surpassaient les anciens.—*Se*, pour *en eux-mêmes*, est complément indirect.

Saturne, issu du commerce du Ciel et de la Terre, eut trois fils qui *se* sont *partagé* le domaine de l'univers. (BARTHÉLEMY.)—*Se*, pour *entre eux*, est complément indirect.

REMARQUES. Les verbes pronominaux accidentels venant d'un verbe neutre ou pris neutralement, ne pouvant jamais avoir de complément direct (*V.* R. I. REM. 2°), leur participe reste toujours invariable. Ces verbes sont : *se nuire, se parler, se plaire, se complaire, se déplaire, se rire, se sourire, se succéder.* EX. :

Les hommes *se* sont *nui* souvent par leur imprudence.— *Se*, pour *à soi*, est complément indirect.

Soixante-dix rois *se* sont *succédé* en France depuis la fondation de la monarchie.—*Se*, pour *à soi*, est complément indirect.

RÈGLE IV. Lorsque le participe passé d'un verbe quelconque est précédé du pronom *le*, représentant une proposition entière, le participe ne prend pas l'accord, le pronom *le* n'étant alors susceptible ni de genre ni de nombre. (*V.* § 84, REM. 3°.) EX. :

Elle est plus grande que vous ne *l'avez* *cru*; c'est-à-dire, que vous n'avez cru *qu'elle était grande*.

Leur faute est plus grave qu'ils ne se *l'étaient* *imaginé*: c'est-à-dire, qu'ils ne s'étaient imaginé *qu'elle était grave*.

RÈGLE V. Lorsque le participe passé d'un verbe quelconque est précédé d'un complément direct qui se rapporte au mot *le peu* suivi d'un substantif, le participe passé s'accorde avec *le peu* ou avec le substantif, — avec le substantif, si *le peu* signifie *une petite quantité*; — avec *le peu* si *le peu* signifie *le manque, l'absence*. Ex. :

Le peu d'*activité* que vous avez *mise* dans cette affaire a suffi pour la faire réussir. — Ici *le peu* signifie *une petite quantité* de la chose exprimée par le substantif *activité*; c'est avec ce substantif que doit s'accorder l'adjectif conjonctif *que*, ainsi que le participe.

Le *peu* d'activité que vous avez *mis* dans cette affaire la fera manquer. — Ici *le peu* signifie *le manque, l'absence* de la chose exprimée par le substantif *activité*; c'est avec *le peu* que doit s'accorder l'adjectif conjonctif *que*, ainsi que le participe.

RÈGLE **VI**. Lorsque le participe passé d'un verbe quelconque est suivi d'un infinitif, le participe prend l'accord, si le complément direct qui précède appartient au verbe où il se trouve; au contraire, il ne prend pas l'accord, si ce complément direct appartient à l'infinitif qui suit. Ainsi l'on dira avec l'accord :

C'est une habile cantatrice; je *l'ai entendue* chanter, c'est-à-dire, *j'ai entendu elle* chanter. — Ici le complément direct appartient au verbe où se trouve le participe.

Que de gens *se sont laissés* périr par imprudence! c'est-à-dire, *ont laissé eux* périr par imprudence. — Ici le complément direct appartient au verbe où se trouve le participe.

Mais l'on dira sans l'accord :

Voilà une charmante romance, je *l'ai* entendu *chanter*: c'est-à-dire, j'ai entendu *chanter elle*. — Ici le complément direct appartient à l'infinitif qui suit le participe.

Que de gens *se* sont laissé *séduire* par de belles promesses! c'est-à-dire, ont laissé *séduire eux*. — Ici le complément direct appartient à l'infinitif qui suit le participe.

REMARQUES. 1°. Le participe passé du verbe *faire*, suivi d'un infinitif, ne prend jamais l'accord, parce qu'il ne forme avec cet infinitif qu'un seul verbe indivisible auquel appartient toujours le complément direct. Ex. :

Ne m'a-t-il pas caché le sang qui m'a *fait naître*? (*Zaïre*); c'est-à-dire, qui a *fait naître moi*.

Une effroyable voix alors s'est *fait entendre* (RACINE); c'est-à-dire, *a fait entendre elle*.

2° Le participe passé des verbes *devoir, pouvoir, vouloir*, ne prend pas l'accord, lorsque l'infinitif qui devrait le suivre est sous-entendu; parce que le complément direct qui précède appartient toujours à cet infinitif sous-entendu. Ex. :

On n'a rien à se reprocher quand on a rendu à ses amis tous les services *qu'on a dû*; c'est-à-dire, *qu'on a dû leur rendre.*—Ici *que*, pour *lesquels*, est complément de l'infinitif *rendre* sous-entendu.

Il a obtenu de la cour toutes les grâces qu'il *a voulu*; c'est-à-dire, *qu'il a voulu en obtenir.*

RÈGLE VII. Lorsque le participe passé d'un verbe quelconque, précédé de l'adjectif conjonctif *que*, est immédiatement suivi de la conjonction *que* et d'un verbe, le participe reste invariable, parce que le complément direct qui précède appartient au verbe de la proposition subordonnée. Ex. :

Voici la lettre *que* vous aviez *présumé que* je recevrais : c'est-à-dire, vous aviez présumé que je recevrais *laquelle lettre.*

RÈGLE VIII. Le participe passé d'un verbe unipersonnel, ou employé unipersonnellement, est toujours invariable. Ex. :

Les chaleurs *qu'il a fait* l'été dernier étaient intolérables.

Vous avez entendu parler de la grande inondation *qu'il y a eu* à Saint-Pétersbourg.

REMARQUE. On écrira de même sans faire varier le participe :

Il est arrivé des troupes nombreuses; c'est-à-dire, il (savoir des troupes nombreuses) est arrivé.

Il s'est glissé plusieurs fautes dans l'impression; c'est-à-dire, il (savoir plusieurs fautes) s'est glissé dans l'impression.

CHAPITRE V.

DES PRÉPOSITIONS.

§ 117. *Des Prépositions* à , en , dans.

I. La préposition *à* ne peut s'employer entre deux adjectifs numéraux, que lorsque les objets comptés sont susceptibles de division. Ainsi l'on dira bien avec Racine :

On a tué aux Allemands *sept à huit* cents hommes.

Mais on ne pourrait dire :

On a tué *sept* à *huit* hommes.

Dans le premier exemple, il y a une division possible entre les objets comptés ; mais elle ne l'est pas dans le second. Il faut alors se servir de la conjonction *ou*, et dire :

On a tué sept *ou* huit hommes.

II. Lorsque le complément des prépositions *à* et *en* est un substantif, ce substantif complémentaire se met au singulier, s'il est pris dans un sens général, et au pluriel, s'il est pris dans un sens particulier. Ex. :

Il a parcouru *à pied* toute l'Italie.—Ici le sens est général.

Il a sauté le fossé *à pieds joints.*—Ici le sens est particulier.

III. La préposition *en* s'emploie devant les substantifs indéterminés, et la préposition *dans*, devant les substantifs déterminés. Ex. :

Je demeure *en* France.—Je demeure *dans la* France septentrionale.

Vous êtes *en* faveur.—Vous êtes *dans la* faveur du roi.

Nous sommes *en* été.—Nous sommes *dans l'*été de 1828.

Dans les premiers exemples, les mots *France, faveur, été,* sont pris dans un sens indéterminé ; dans les seconds exemples, ces mêmes mots sont pris dans un sens déterminé.

§ 118. *Des Prépositions* pour, — quant à, — près de.

I. Lorsque les prépositions *pour* et *quant à* sont suivies d'un substantif ou d'un pronom, il faut sous-entendre après ces prépositions les mots *ce qui regarde.* Ex. :

Pour moi, je suis prêt à vous obéir ; c'est-à-dire, pour *ce qui* me *regarde,* je suis prêt, etc.

Quant à Racine, je le mets au-dessus de tous les poètes ; c'est-à-dire, quant à *ce qui regarde* Racine, je le mets, etc.

Remarque. Il ne faut pas confondre *quant,* préposition, avec *quand,* conjonction. L'une est toujours suivie de *à,* et s'écrit par un *t ;* l'autre est toujours suivie d'un verbe, et s'écrit par un *d.*

II. Il ne faut pas confondre la préposition *près de* avec l'adjectif *prêt à. Près de,* s'emploie pour exprimer une proximité de lieu et de temps. *Prêt à,* s'emploie pour exprimer une *disposition à.* Ex. :

Il est *près de* mourir.—Il est *prêt à* mourir.

CHAPITRE VI.

DES ADVERBES.

§ 119. *Des Adverbes de quantité*, beaucoup, davantage, plus, environ.

I. Lorsque l'adverbe *beaucoup* est mis après un comparatif, il faut toujours le faire précéder de la préposition *de*. Ex. :

Votre ami est savant, vous êtes plus savant *de beaucoup*.

II. *Davantage* n'a jamais après lui de complément. Ainsi, l'on ne dira pas :

Les livres où il y a davantage *de brillant* que de solide sont à la mode. — Il faut dire : Les livres où il y a *plus de brillant*, etc.

Davantage ne peut s'employer pour le *plus*. Ainsi, l'on ne dira pas :

De tous les poètes français, c'est Racine qui me plaît *davantage*.—Il faut dire : C'est Racine qui me plaît *le plus*.

Après *davantage*, on ne peut pas employer le *que* comparatif. Ainsi, l'on ne dira pas :

Les Romains avaient *davantage* de bonne foi que les Grecs.—Il faut dire : *Plus* de bonne foi *que* les Grecs.

Si l'on veut se servir de l'adverbe *davantage*, il faut faire deux propositions distinctes, et placer *davantage* à la fin de la seconde, en le faisant précéder du pronom *en* :

Les Grecs n'avaient guère de bonne foi ; les Romains *en* avaient *davantage*.

III. *Non plus*, s'emploie pour *aussi*, *pareillement*, lorsque la phrase est négative. Ex. :

Si vous ne le voulez pas, je ne le veux pas *non plus*.

Ainsi, l'on ne dira pas : Si vous n'avez pas ses vertus, vous n'avez pas *aussi* ses défauts.—Il faut dire : Vous n'avez pas *non plus* ses défauts.

IV. Lorsqu'on joint l'adverbe *environ* à des adjectifs numéraux, il ne faut pas que ces adjectifs numéraux soient séparés par la conjonction *ou*. Ainsi l'on ne dira pas :

La perte a été d'*environ* cinq ou six cents hommes. Ce serait dire deux fois la même chose, *environ* et *ou* annonçant tous les deux un nombre incertain. Il faut dire : La perte a été d'environ cinq cents hommes, ou, d'environ six cents hommes, ou bien encore, d'environ cinq à six cents hommes.

§ 120. *Des Adverbes de lieu.*

I. *Alentour* est toujours adverbe, et il ne faut pas le confondre avec la préposition *autour de*. Il ne s'emploie jamais avec un complément. Ainsi, l'on ne dira pas :

Le loup rôde *alentour des* troupeaux. — Il faut dire : Le loup rôde *autour des* troupeaux ; ou bien : Le loup guette les troupeaux ; il rôde *alentour*.

II. Lorsqu'on a employé l'adverbe *là* pour exprimer un rapport de lieu, il ne faut pas répéter ce rapport par l'adverbe *où*, mais on se sert de *que*. Ainsi, l'on ne dira pas :

C'est *là où* je vais. — Il faut dire : C'est *là que* je vais.

§ 121. *Des Adverbes de temps.*

I. Il ne faut pas confondre *de suite* avec *tout de suite*. — *De suite*, ne s'emploie que pour signifier *successivement, sans interruption.* — *Tout de suite*, pour signifier *aussitôt, sur-le-champ*.

Il y a des gens qui ne savent pas dire deux mots *de suite*.
Venez *tout de suite* ; on vous attend.

C'est donc une faute que de dire : Venez *de suite*, pour dire, venez *aussitôt*.

II. Il ne faut pas confondre *tout-à-coup* avec *tout d'un coup*. — *Tout-à-coup* signifie *à l'improviste, soudainement*. — *Tout d'un coup*, signifie *tout en une fois*. Ex. :

La rivière a débordé *tout-à-coup*.
Il a perdu sa fortune *tout d'un coup*.

III. Il ne faut pas confondre *plus tôt*, en deux mots, avec *plutôt*, en un seul mot. — *Plus tôt*, qui a pour opposé *plus tard*, exprime une idée de temps. — *Plutôt*, une idée de préférence. Ex. :

Il est arrivé *plus tôt* qu'on ne pensait.
L'étude est *plutôt* propre à dissiper l'ennui qu'à le faire naître.

IV. *Auparavant*, est toujours adverbe, et il ne faut pas le confondre avec la préposition *avant*. Il ne s'emploie jamais avec un complément. Ainsi l'on ne dira pas :

Je partirai *auparavant lui.*—Il faut dire : *Avant lui.*

Écrivez-moi *auparavant de* partir.—Il faut dire : *Avant de* partir.

Je le verrai *auparavant qu'il* parte.—Il faut dire : *Avant qu'il* parte.

On peut employer *auparavant,* mais seulement à la fin d'une phrase. Ex. :

Il doit partir demain : soyez sûr que je le verrai *auparavant.*

§ 122. *Des Adverbes de négation.*

I. Des trois négations, *ne, ne.... pas, ne.... point,* *Ne* est la plus faible.—*Ne.... pas,* tient le milieu entre *ne* et *ne... point.*—*Ne.... point* est la plus forte.

II. *Ne,* ne fait simplement que nier.—*Ne.... pas,* s'emploie lorsqu'on nie avec quelque modification. — *Ne.... point,* lorsqu'on nie sans restriction, sans réserve. Ex. :

Il *ne* bouge. — On ne fait simplement que nier.

Il n'a *pas* d'esprit autant qu'il en faudrait pour cette place. —Cela suppose qu'il n'est pas sans quelque esprit.

Il n'a *point* d'esprit. — Cela signifie qu'il en est entièrement dépourvu.

III. On supprime toujours *pas* et *point* avec le substantif *rien,* pris pour *nulle chose ;* et quelquefois après les quatre verbes *cesser, oser, pouvoir* et *savoir.* Ex. :

Socrate disait qu'il ne savait qu'une chose ; c'est qu'il *ne* savait *rien.* (Saint-Évremont.)— On ne pourrait pas dire : C'est qu'il *ne* savait *pas* rien.

Il *ne cesse* de parler.—Je *n'ose* l'interrompre.—Je *ne puis* partir.—Il *ne saurait* se taire.

§ 123. *De* tout, *adverbe, suivi d'un adjectif ou d'un participe.*

Règle I. Lorsque *tout* adverbe est joint à un adjectif ou à un participe, *tout* reste invariable, si l'adjectif ou le participe est masculin, ou s'il commence par une voyelle ou une *h* muette ; il varie, au contraire, si l'adjectif ou le participe est féminin et commence par une consonne ou une *h* aspirée. Ainsi, l'on dira sans accord :

Nos vaisseaux sont *tout prêts,* et le vent nous appelle.

(Racine.)

Cette dame paraît *tout habituée* à notre climat.
Et avec l'accord :
Certes tu me dis là des choses *toutes nouvelles.* (MOLIÈRE.)
Cette dame est *toute honteuse* de ce qu'elle a dit.

RÈGLE II. *Tout* reste invariable, lorsqu'il modifie un adverbe, un substantif précédé d'une préposition, ou un substantif employé sans article. Ex. :

La joie de faire du bien est *tout autrement* douce que celle d'en recevoir. (MASSILLON.)
Les Français sont *tout feu* pour entreprendre.
Ainsi l'on ne dira pas avec Buffon : le chien est tout zèle, *toute* ardeur, *toute* obéissance. —Il fallait dire : *tout* ardeur, *tout* obéissance.

CHAPITRE VII.

DES CONJONCTIONS.

§ 124. *Des Conjonctions* et, ni.

RÈGLE I. Les conjonctions *et*, *ni*, marquent toutes les deux une idée d'addition; mais l'une s'emploie dans les phrases affirmatives, et l'autre dans les phrases négatives. Ex. :

Le sage est ménager du temps *et* des paroles. (LA FONTAINE.)
Le fou n'est ménager *ni* du temps, *ni* des paroles.

RÈGLE II. Lorsqu'on veut lier ensemble plus de deux mots, il suffit de placer *et* avant le dernier ; mais *ni* se place devant chacun d'eux. Ex. :

L'esprit, la science *et la vertu,* sont les véritables biens de l'homme.
Ni l'esprit, *ni* la science, *ni* la vertu, ne sont à couvert des traits de l'envie.

RÈGLE III. Dans les gradations d'idées et dans les énumérations, il faut partout supprimer la conjonction *et*, partout employer la conjonction *ni*. Ex. :

Anglais, Français, Lorrains, que la fureur assemble,
Avançaient, combattaient, frappaient, mouraient ensemble.
(Henriade.)

Dans le premier vers, il y a énumération ; dans le second, il y a gradation d'idées.
On dira avec *ni* :

Je ne veux, *ni* ne dois, *ni* ne puis obéir.—Ici il y a gradation d'idées.

Ni-prince, *ni* sujets, la mort n'épargne rien.—Ici il y a énumération.

Règle IV. La conjonction *et* s'emploie pour unir deux propositions affirmatives, ou une proposition affirmative à une proposition négative. Ex. :

> La vertu *et la science sont estimables.*
>
> Je plie *et ne romps pas.*·(La Fontaine.)

Règle V. Lorsqu'on veut unir deux mots de la même espèce, il faut se servir de la conjonction *ni*, si la phrase est négative, et de la conjonction *et*, si la phrase est affirmative. Ainsi, l'on ne dira pas avec Marmontel :

Jamais homme dans les combats *n*'a montré plus d'*ardeur et* plus de *prudence* que César. — Il faut dire : *Ni* plus de prudence, etc., parce que la phrase est négative.

Ni avec un auteur moderne :

Il a vécu sans peine *ni* plaisir.—Il faut dire : Sans peine *et* sans plaisir, parce que la phrase est affirmative.

§ 125. *De la Conjonction* que, *précédée de* qui *ou de* quoi, — *de* quel, — *de* quelque, *adjectif*,— *de* quelque, *adverbe*, — *de* tout, *adverbe*.

Règle I. Lorsque la conjonction *que*, précédée de *qui*, est suivie du verbe *être*, ce verbe se met toujours au subjonctif. Ex. :

> *Qui que* vous *soyez,* n'oubliez jamais que vous êtes homme.

Règle II. Lorsque la conjonction *que*, précédée de *quoi*, est suivie d'un verbe, le verbe se met toujours au subjonctif. Ex. :

> Sans la langue, en un mot, l'auteur le plus divin,
> Est toujours, *quoi qu'il fasse,* un méchant écrivain.
>
> (Boileau.)

Règle III. Lorsque la conjonction *que*, précédée de l'adjectif *quel*, est suivie du verbe *être* et d'un substantif, l'adjectif *quel* s'accorde en genre et en nombre avec le substantif, et le verbe *être* se met toujours au subjonctif. Ex. :

> *Quels que soient* les *humains,* il faut vivre avec eux :
> Un mortel difficile est toujours malheureux. (Gresset.)

Règle IV. Lorsque la conjonction *que* est précédée de l'adjectif indéfini *quelque* et d'un substantif, l'adjectif *quelque* s'accorde en genre et en nombre avec le substantif; et le verbe, complément de la conjonction *que*, se met toujours au subjonctif. Ex. :

Quelques talents que vous ayez, ne vous en vantez pas.

RÈGLE V. Lorsque la conjonction *que* est précédée de *quelque*, considéré comme adverbe, ce qui a lieu lorsqu'il accompagne un adjectif, un participe ou un adverbe, *quelque* reste invariable, et le verbe, complément de la conjonction *que*, se met toujours au subjonctif. Ex. :

Justes, ne craignez point le vain pouvoir des hommes :
Quelque élevés qu'ils soient, ils sont ce que nous sommes.
(J.-B. ROUSSEAU.)

RÈGLE VI. *Tout*, suivi d'un adjectif ou d'un participe et de la conjonction *que*, équivaut à *quelque que*, ou à *quoique*. On suit par rapport à *tout* les règles du § 123. Ex. :

L'espérance, *toute trompeuse qu'elle est*, sert au moins à nous mener à la fin de la vie par un chemin agréable (LA ROCHEFOUCAULD); c'est-à-dire, *quelque* trompeuse *qu'elle soit*, *quoiqu'elle soit* trompeuse.

§ 126. *De la Conjonction* que, *exprimée ou sous-entendue au commencement d'une phrase, et voulant toujours le subjonctif.*

RÈGLE I. La conjonction *que*, placée au commencement d'une phrase, exprime souvent un ordre, un souhait, une exhortation, etc., et veut toujours au subjonctif le verbe qui la suit. Ex. :

Jupiter dit un jour : *Que* tout ce qui respire
S'en *vienne* comparaître aux pieds de ma grandeur (LA FONTAINE); c'est-à-dire, *je veux*, *j'ordonne que* tout ce qui respire s'en *vienne*, etc.

Dieu dit : *Que* la lumière *soit*, et la lumière fut ; c'est-à-dire, *je veux* que la lumière soit, etc.

RÈGLE II. Dans un grand nombre de phrases, outre l'ellipse du verbe de la proposition principale, il y a celle de la conjonction *que*. En voici quelques exemples :

Dieu vous *fasse* miséricorde ! c'est-à-dire, *je désire que* Dieu vous *fasse* miséricorde.

Vive le Roi ! c'est-à-dire, *je souhaite que* le Roi *vive*.

§ 127. *De la Conjonction* que, *précédée de* plaise *à* Dieu, *etc.,* — *sous-entendue devant* puissé-je, *etc.*

RÈGLE I. La conjonction *que,* précédée de *plaise à Dieu,* équivaut à *je souhaite qu'il plaise à Dieu ;* la conjonction *que,* précédée de *plût à Dieu,* équivaut à *je souhaiterais qu'il plût à Dieu.* **Ex. :**

Plaise à Dieu que la vertu *règne* toujours dans votre cœur ! c'est-à-dire, *je souhaite qu*'il plaise à Dieu que, etc.

Plût à Dieu, disait Socrate, *que* je remplisse cette maison de vrais amis ! c'est-à-dire, *je souhaiterais qu'il plût à* Dieu que, etc.

RÈGLE II. *Puissé-je,* etc., non suivi de la conjonction *que,* équivaut à *je souhaite que je puisse.* **Ex. :**

Puissé-je vous revoir bientôt ! c'est-à-dire, *je souhaite que* je puisse vous revoir bientôt.

CHAPITRE VIII.

§ 128. *Des Interjections.*

RÈGLE I. *Ah !* exprime la joie, la douleur, l'admiration, etc. ; *ha !* exprime l'étonnement, la surprise. Ainsi l'on dira avec *ah !*

Ah ! que je suis heureux de revoir un ami !
Ah ! s'il est un heureux, c'est sans doute un enfant !

Et avec *ha !* :

Ha, ha ! vous voilà, je ne vous attendais guère.

RÈGLE II. *Oh !* s'emploie dans l'exclamation, l'affirmation ; *ho !* dans l'appel ; *ó* dans l'apostrophe. Ex. :

Oh ! que les impies sont à plaindre ! (FÉNELON.)— *Oh !* pour le coup, j'avais tort.

Ho ! venez un peu ici.

D'une âme généreuse, *ó* volupté suprême !
Un mortel bienfaisant approche de Dieu même. (RAC. fils.)

CHAPITRE IX.

§ 129. *De la Ponctuation.*

La ponctuation est la manière d'articuler les phrases et de marquer les pauses qu'exigent la distinction des sens et le besoin de respirer.

Il y a six principaux signes de ponctuation. En voici le nom et la figure :

La virgule (,),—le point et virgule (;),—les deux points (:),— le point simple (.),—le point interrogatif (?),— le point exclamatif ou admiratif (!).

§ 130. *De la Virgule.*

RÈGLE I. On se sert de la virgule pour séparer l'une de l'autre les parties semblables d'une même phrase, telles que les sujets, les attributs, les compléments de même nature. Ex. :

La richesse, le plaisir, la santé, deviennent des maux pour qui ne sait pas en user. — Ici les sujets sont de même nature.

La charité est patiente, douce, bienfaisante.— Ici les attributs sont de même nature.

Sachez régler vos goûts, vos travaux, vos plaisirs. — Ici les compléments sont de même nature.

On se sert aussi de la virgule pour séparer les propositions qui ont le même sujet ou qui ont peu d'étendue. Ex. :

On lève l'ancre, *on* part, *on* fuit loin de la terre. (*Henriade.*)— Ici les propositions ont le même sujet.

Le sort fait les parents, le choix fait les amis. (DELILLE.) —Ici les propositions ont peu d'étendue.

EXCEPTION. Si deux sujets, deux attributs, deux compléments ou deux propositions de même nature sont liées par une des conjonctions *et*, *ni*, *ou*, et si les deux ensemble n'excèdent pas la portée de la respiration, la virgule devient inutile. Ex. :

Un style toujours noble *et* rapide distingue les écrits de Bossuet.

Qui veut vaincre *ou* mourir est rarement vaincu. (CORNEILLE.)

La mort n'épargne pas la vertu *ni* la gloire.

Dans ces exemples, les parties unies par les conjonctions *et*, *ni*, *ou*, n'excèdent pas la portée de la respiration.

Mais il faut dire avec la virgule :

L'étude rend savant, *et* la réflexion rend sage.

Quel chemin le plus droit à la vertu nous guide,
Ou la vaste science, ou la vertu solide! (Boileau.)

On n'aime pas à entendre parler de ce qu'on sait mal, *ni* de ce qu'on ne sait point.

Dans ces exemples, les parties unies par les conjonctions *et*, *ni*, *ou*, excèdent la portée de la respiration.

RÈGLE II. On se sert de la virgule avant et après toute réunion de mots ou tout mot qu'on peut retrancher sans détruire le sens de la phrase ; tels sont les adjectifs ou les participes accompagnés d'un complément, les compléments indirects qui marquent une circonstance, les mots placés en apostrophe, etc. Ex. :

Le fruit meurt en naissant, *dans son germe infecté.* (Henr.) —Ici le participe *infecté* est accompagné d'un complément.

On dirait que, *pour plaire, instruit par la nature,*

Homère ait à Vénus dérobé sa ceinture. (Boileau.)— Ici, *pour plaire, instruit par la nature,* sont des compléments indirects qui marquent une circonstance.

Je crains Dieu, *cher Abner,* et n'ai point d'autre crainte. (Racine.)—Ici, *cher Abner,* est placé en apostrophe.

§ 131. *Du Point et Virgule.*

RÈGLE I. On emploie le point et virgule pour séparer les propositions semblables qui ont une certaine étendue. Ex. :

L'étalon généreux a le port plein d'audace ;...
Je le vois s'agiter, trembler, dresser l'oreille ;
Son épine se double, et frémit sur son dos ;
D'une épaisse crinière il fait bondir les flots ;
De ses naseaux brûlants il respire la guerre ;
Ses yeux roulent du feu, son pied creuse la terre. (De-lille.) — Ici les propositions sont semblables et ont une certaine étendue.

RÈGLE II. Lorsqu'une phrase est divisée en plusieurs parties principales, dont chacune est subdivisée en parties subalternes, les parties subalternes doivent être séparées entre elles par une simple virgule, et les parties principales par le point et virgule. Ex. :

Turenne parle. chacun écoute ses oracles ; il commande, chacun avec joie suit ses ordres ; il marche, chacun croit courir à la gloire.

§ 132. *Des Deux Points.*

RÈGLE I. On met les deux points après une phrase qui semble finie : ces deux points la séparent d'une autre qui développe ou éclaircit ce qui précède. Ex. :

Travaillez, prenez de la peine :
C'est le fonds qui manque le moins. (LA FONTAINE.)

RÈGLE II. On emploie les deux points après une proposition qui annonce une citation. Ex. :

Le chêne un jour dit au roseau :
Vous avez bien raison d'accuser la nature. (LA FONTAINE.)

§ 133. *Du Point simple, du Point interrogatif et du Point exclamatif.*

RÈGLE I. On met le point simple à la fin de toutes les phrases indépendantes de celles qui suivent, ou qui n'y tiennent que par le fond même de la pensée que l'on développe. Ex. :

Le travail est souvent le père du plaisir.
Je plains l'homme accablé du poids de son loisir.
                              (*Disc. sur la Modération.*)

RÈGLE II. Le point interrogatif se met à la fin de toute phrase qui interroge. Ex. :

Et que reproche aux Juifs sa haine envenimée ?
Quelle guerre intestine avons-nous allumée ?
Les a-t-on vus marcher parmi vos ennemis ?
Fut-il jamais au joug esclaves plus soumis ? (RACINE.)

RÈGLE III. Le point exclamatif se place à la fin de toute phrase qui exprime la tendresse, la pitié, la surprise, etc., ou tout autre sentiment. Ex. :

Qu'un ami véritable est une douce chose! (LA FONTAINE.)
Heureux qui sait mêler l'agréable à l'utile !

REMARQUE. Le point exclamatif se place immédiatement après les interjections, à l'exception de ô. Ex. :

Hélas! on ne craint pas qu'il venge un jour son père. (RACINE.)
O mon fils! ô ma joie! ô l'espoir de mes jours! (CORNEILLE.)

§ 134. *De quelques Signes orthographiques.*

Nous avons parlé, page 3, de l'apostrophe, du trait d'union, du tréma et de la cédille. Nous dirons ici un mot de la parenthèse et des lettres majuscules ou capitales.

I. La parenthèse est une espèce de signe formé de

cette manière ( ). Elle sert à renfermer certains mots qui pourraient à la rigueur être retranchés de la phrase, mais qui servent à la rendre plus claire ou plus vive. Ex. :

Je croyais, moi (jugez de ma simplicité),
Que l'on devait rougir de la duplicité. (Destouches.)

II. La majuscule est une grande lettre qu'on appelle aussi capitale.

On l'emploie pour commencer le premier mot de chaque phrase, le premier mot de chaque vers.

On commence par une majuscule le nom de *Dieu,* et tous les autres par lesquels on désigne l'*Être Suprême,* tels que l'Éternel, le Créateur, le Ciel, le Seigneur, la Providence, etc.

On commence par une majuscule les noms *Souverain, Roi, Reine, Majesté,* etc., quand il est spécialement question des personnes revêtues de ces titres ; alors les adjectifs qui accompagnent les mots *Roi, Majesté,* etc., prennent aussi la majuscule. Ainsi on écrira : *Votre Majesté,* en s'adressant à un Roi ou à une Reine.

On commence toujours par une capitale les noms propres de personnes, tels que *Charles, Caroline, Henri.* — Tous les noms de choses personnifiées, tels que *la Renommée, l'Envie.* — Tous les noms de fêtes, tels que *Noël, Pâques.* — Tous les noms de lieux, de contrées, de villes, de villages, de rivières, de montagnes, etc., tels que *la France, Paris, Bordeaux, Saint-Cloud, la Seine, la Gironde, les Pyrénées, l'Océan,* etc. — Tous les noms de peuples, tels que *les Français, les Parisiens.* — Tous les noms de sectes, tels que *les Protestants, les Calvinistes.*

On commence par une majuscule les noms de chaque science, de chaque art, de chaque métier, lorsqu'on les prend dans un sens individuel qui les distingue de toute autre science, de tout autre art, de tout autre métier. Ex. :

La *Grammaire* est la base de toutes les sciences.

FIN DE L'ABRÉGÉ DE LA GRAMMAIRE FRANÇAISE.

TABLE
DES MATIÈRES.

SECONDE PARTIE.

PREMIÈRE SECTION.— SYNTAXE PROPREMENT DITE.

SYNTAXE DE CONCORDANCE.

FIN DE LA TABLE.

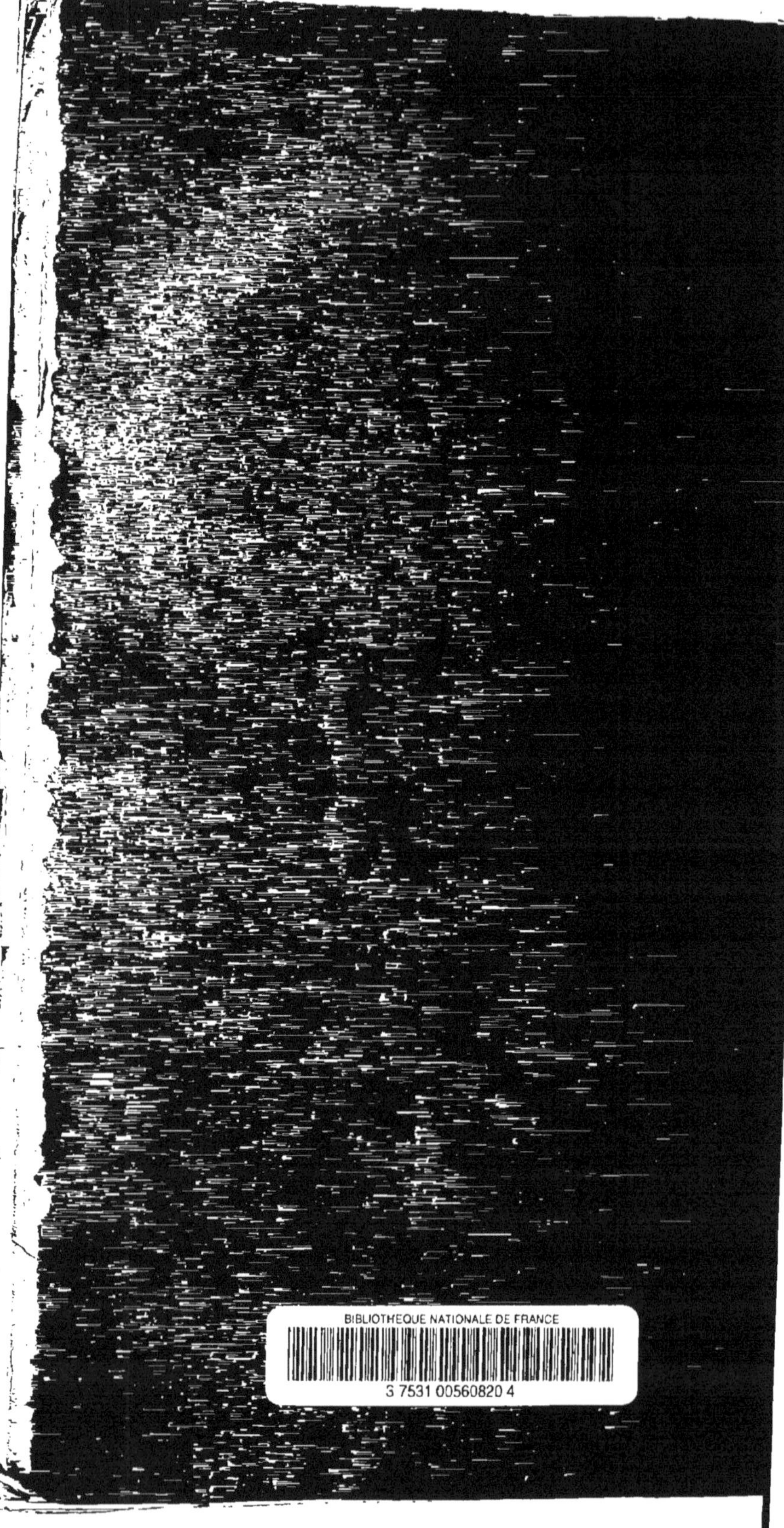